100 IDEAS for Secondary Teachers

Managing Behaviour

快速改善学生课堂表现

给中学教师的100个创意

[英] 约翰尼·扬
Johnnie Young

中国青年出版社
CHINA YOUTH PRESS
中青文传媒

图书在版编目(CIP)数据

给中学教师的100个创意：快速改善学生课堂表现 /（英）扬著；张婷译.
—北京：中国青年出版社，2014.12
书名原文：100 ideas for secondary teachers: managing behaviour
ISBN 978-7-5153-2896-6
Ⅰ.①给… Ⅱ.①扬… ②张… Ⅲ.①课堂教学－教学法－中学 Ⅳ.①G632.421
中国版本图书馆CIP数据核字（2014）第253030号

给中学教师的100个创意：快速改善学生课堂表现

作　　者：[英]约翰尼·扬
译　　者：张　婷
策划编辑：龙彬彬
责任编辑：孙雪蕾
美术编辑：李　甦
出　　版：中国青年出版社
发　　行：北京中青文文化传媒有限公司
电　　话：010-65511270/65516873
公司网址：www.cyb.com.cn
购书网址：zqwts.tmall.com　www.diyijie.com
制　　作：中青文制作中心
印　　刷：北京中科印刷有限公司
版　　次：2015年3月第1版
印　　次：2015年3月第1次印刷
开　　本：787×1092　1/32
字　　数：110千字
印　　张：6.75
京权图字：01-2014-3988
书　　号：ISBN 978-7-5153-2896-6
定　　价：29.00元

目 录

Contents

前言
Foreword

22年前，我开始了我的教学生涯。在最开始的时候，我每天晚上回到家都疲惫不堪、没精打采的。我甚至有了转行的打算，因为在课堂上我根本管不住那些调皮捣蛋的学生们。我试过对他们大吼大叫，可除了嗓子变得沙哑外，无其他任何转变；我尝试了所有能想到的办法，结果都无济于事。最后，我不得不接受现实，我曾经抱有多年的老师梦顷刻间就化为了泡影。

但后来，我问了自己这样一个问题：为什么有些老师能够很好地管理住学生的行为，有些却为此头疼不已？我发现，那些善于管理班级的老师们掌握了一些非常实用的日常技能。于是，我开始观察这些老师如何上课，并记录下可能对我有用的教学方法。

我把这些方法用于我的教学实践，又加进了自己不少的创意，就这样没过多久，我的管理就初见成效了。于是，我从这些创意中挑出了一百个编入了本书，以期为中学老师提供些教学创意和好点子，真心希望它能够在您迈向杰出的道路上助您一臂之力。

您可以尝试使用这些创意，与此同时也要积极改进自己的行为管理技巧。在每堂课结束后，请想一想，下次如何让你的课堂变得更好。然后，在今后的教学中逐步完善。不久之后，你就会发现，学生们越来越喜欢上你的课，并且他们在课堂上会更加用心地学习。同样，你也会为自己的提高而感到高兴。

让我们在追求卓越的路上继续前行吧，勇敢向前。一旦你完全掌握了行为管理的技能，那么成功将非你莫属，谁也改变不了！

如何使用本书

How to use this book

本书中的创意点子简单实用，可供读者随时翻阅浏览。它们是为中学老师量身打造的，能在班级行为管理方面助您一臂之力。

每条创意都包括以下内容：

- 吸引眼球的题目，便于读者查找和分享。
- 引语，来自老师或学生使用该创意点子后的切身体会。
- 粗体的创意总结，便于读者翻阅，快速查找需要的创意点子。
- 实施创意的步骤。

教学小贴士

为如何开展或结束活动，以及创意的使用提出的建议。

进阶练习

关于如何深化该创意的想法和建议。

锦囊妙计 ★

本书中共有13条锦囊妙计，会给您的课堂带来更多的惊喜，更多的创意。

引人入胜

在使用该方法教学多年后，我发现，自己越来越注重说话的方式，而不是说话的内容了。

斟酌好措辞，找到说话的方法和技巧能够让你在教学时牢牢抓住学生的注意力。

如果一个班里有很多调皮捣蛋的学生，教师说话如果不讲究方法技巧，很少有学生会认真听你说话。因此，你需要找到一些方法来吸引他们的注意力。我发现，学生对于某些话语更加敏感，听到后更容易集中精力。以下就是多年来我屡试不爽的例子：

• 为了引起学生的注意，您可以拿着一件物品，然后提问：“谁能告诉我这是什么？”

• 对学生提出惩罚的警告时，可以说：“好吧，我不经常这么做，但你让我别无选择！”

• 鼓励学生积极举手回答问题时，

教学小贴士

在做行为管理时，重要的不仅仅是你说话的内容、说话的语气，肢体语言和态度也同样重要。找到起作用的话语并记录下来，在今后的教学中反复使用，并不断改进。

可以说："只有三个人能回答这个问题吗？肯定不是！快，大家都参与进来！"

- 想让班级安静下来时，可以说："请大家安静。"
- 想降低班级噪声时，可以说："我想让大家小点声。五、四、三、二、一……"（说数字的时候语气要快速、有力，并有停顿）。
- 宣布重要信息的时候，可以说："顺便问一句，大家知道那个某某新系统吗？"
- 补充重要信息的时候，可以说："我差点忘了告诉你们了，请不要忘记……"
- 敦促学生做作业时，可以说："当心！（停顿）如果你们没有在留作业当天完成的话，你们很可能完不成作业。"

至关重要的开场白

我不喜欢一节课的开场白。因为我真的无法吸引学生们的注意，我只能给他们布置任务，然后让他们去做！

在一群调皮捣蛋的学生面前，吸引他们的注意是一个不小的挑战。此创意将帮助您解决这个问题。

将你想要说的话打印出来（措辞要尽量简洁），全班同学人手一份，并对他们解释说："现在，我要给大家快速地读些东西。我会突然停下来，然后随机提问，下一个单词是什么。看看你能不能找到它！"

老师开始朗读文章，突然停下，向一位你确定能回答出问题的学生提问。并表扬他说："非常好，你跟上了。现在，让我们看看其他同学做得怎么样！"然后，继续朗读，再向一位跟得上的同学提问，并由衷地表扬他，然后再继续朗读。你会发现，与普通的聊天相比，这个方法在集中注意力方面更加有效。

创意点子增强版：

教学小贴士

不要用过去那种老掉牙的方式，强迫学生们去听你的话。试着采用友好、鼓励的态度去引导你的学生，比如，"加油，你会做得很棒"。

锦囊妙计 ★

尽量采用篇幅简短、朗朗上口的文章，并做适当改编，将其中部分内容换成与课堂有关的重要内容。

- 确保每次只让学生回答一个字，“哈里，请说出下一个字是什么。”
- 如果本环节结束时，学生们还想继续往下读，老师应当友好地劝说他们停下来 :“我们只在这个环节朗读，大家可以在课后继续往下阅读。”这样做可以让你在这个关键的环节掌控好节奏。
- 如果你能把这些内容编成妙趣横生的故事，那么效果会更佳。
- 也可以在上面放上一张图片。

用眼神“消灭”杂音

我过去经常是用大吼大叫加施压的方式让学生们安静下来，后来我才发现，其实你根本不用说话，只要严肃地扫视班级一圈，效果就会更明显。

当你对一个吵闹的班级感到束手无策时，“扫视”班级则是个不错的选择。

想要让一个嘈杂的班级安静下来，老师们通常会去批评某几个学生，大喊大叫，敲桌子，并不断地唠叨。但如果这些做法都无济于事，那该怎么办？事实上，在一开始这么做会取得一定效果，但马上，班级又会变得乱糟糟。这时，老师会觉得自己在与全班同学开战，那种感觉一点儿都不好。面对这种情况，你会怎么办？我发现，有技巧地“扫视”不仅能够节省体力，还能够得到不错的效果。

- 站到班级显眼的地方，安静地注视着大家。
- 如果一个学生向你请教问题或者

教学小贴士

将注意力放在整个班上，不要与某几个学生发生争吵，也不必非要全班安静到一点儿声音也没有，因为一是很难继续保持完全安静，二是真的没有必要这样做。

其他事情，你可以回答道："等到班级安静下来，我再帮你。"这一点很重要。

- 找到班级里最吵闹的区域。慢慢来。
- 开始用有针对性、有力而又友好的语言去提醒某些学生，比如，"珊恩同学，请坐下来看你的书。"
- 再来些有技巧的表扬，比如，"非常棒，杰德，你做得很好。"
- 继续的同时，还要时刻"扫视"着班级，并拒绝所有的帮助请求。
- 现在，你可以说："请小点声。再小点儿声，再小点儿声，谢谢。非常好。"
- 站好，注视大家并等待教室安静下来。将你的注意力放在噪声大小上。
- 当杂音变小时，要对全班给予表扬。

消除紧张与焦虑

早上的时候，我还神清气爽，心情大好，但开了一下午的会，这让我精神紧张焦虑，满脑子都在想，“我到底应该怎么做，才能把这些工作都做完？”

只有摆脱工作中紧张、焦虑的情绪，才能更加快乐并高效地工作。

据我观察，大部分老师身上最大的问题就是他们总是神经紧绷地工作。过度的紧张感不仅会消耗人体的能量，还会让人变得脾气暴躁。此外，老师的紧张焦虑感也会影响学生，让整个课堂气氛变得压抑。

过度紧张的表现包括：

- 讲话时语速过快（导致学生根本无法理解讲话的内容）。
- 面对小错误反应过激。
- 在介绍和解释说明时，忘记停顿，给学生理解吸收的时间。
- 帮助学生时，带着不必要的紧迫感。

然而，我很失望地看到，学校本身

就是一个让人感到紧张的地方。这就向学生们传递出一个讯号，让他们觉得紧张和焦虑都是很正常的，都是应该承受的。

其实我们大可不必把气氛搞得那么僵。老师可以做一个提示清单，放到口袋里，时刻提醒自己，每次上课之前拿出来看一看，并照着做，直到变成习惯为止。我们应当养成这样好的习惯，成为一个心平气和、头脑清醒并友好的老师，远离那些让我们变得紧张的不良习惯。

清单的内容如下：

- 在上课之前请摒除杂念，哪怕只用30秒的时间。
- 放慢你的呼吸，将拳头多次握紧再放松。
- 想象自己心平气和地说话，镇定自若地走路，有条不紊地做事。
- 记住，在回答学生问题之前，要用心聆听，集中注意力，认真思考。不要急于给出答案。要让你的回答变得得体，让人容易听懂和接受。
- 在一堂课不同小节之间可留出空

教学小贴士

许多参加训练的老师都说过，放松这件事真的是说起来容易，做起来难。现在，对老师的要求越来越多，到底应当如何做才能不让自己感到紧张呢？我的建议是，把上面的清单内容作为你的日常重点。刚开始的时候，想象自己心平气和、完全放松的样子，控制住自己的情绪，有条不紊地工作。要下定决心，保持住那种状态，并告诉自己，本堂课的主要目标是保持心态平和、心情愉快。

余时间。鼓励学生利用这段空余时间安静思考。在讲话时要有停顿。

- 要让自己的脸上常有轻松的表情和微笑。

使用这种清单的好处有：

- 你会感觉更好，更享受课堂，而不会去担心接下来要发生的事情。
- 你的学生也会因此有不同表现。
- 教学质量和学生的理解力也会大大提高。
- 你不会感到筋疲力尽。

进阶练习

如果你发现工作量过大正在让你变得焦虑不安时，你就需要采取行动，改变现状，要更聪明地工作，而不是更辛苦地工作。可以通过技巧性的思考来完成这点。如果某一项任务不仅浪费时间，还让人感到紧张，那么请问自己这样一个问题："我如何做才能够花更少的时间，达到更好的结果？"比如，你可能细心地把学生作业中的每个错误都标出来，但学生不会去看你写的每一处评语。这样事无巨细地工作会让你感到很疲惫。因此，你需要做的是，让你的每一个标注都对应一个具体的知识点。并且，标记时还要将学生的注意力引到那个知识点上——你不需要帮他们改过来，只需让学生再看一下这里，并建议他们查阅书本，自己去解决问题，掌握知识点。通过这样的方法，你可以事半功倍！

幽默的课堂

缺乏幽默的老师就如同没有弹簧的马车，学生们就像是马车上沉甸甸的乘客。每一次颠簸都能感受得真真切切。

课堂气氛很容易紧张压抑。巧妙地使用幽默能够让你的课堂氛围变得更加轻松活泼。

使用幽默不仅是你与学生打交道时的好方法，也是课堂的润滑剂。然而，使用幽默的同时，还要注意下面这几点：

1. 在确定自己完全掌控了班级节奏之前，不要轻易地使用幽默。不适当地使用幽默会引起不必要的麻烦。

2. 虽然这点表现得不明显，但你也要知道，这个年龄段的学生很敏感，很在意外界对他们的看法，特别是那些淘气的学生。一句不恰当的玩笑话也很可能引起一系列灾难性的后果。因此，千万不要针对某个学生做评价，即便是闹着玩也不可以，只能拿你自己或者学习的内容开玩笑。

教学小贴士

你可以去听其他老师的课，观察他们是如何使用幽默的。你将收益颇丰，取长补短，将他们的方法用到自己的教学中去。

3. 在玩笑过后，要尽快把学生的注意力拉回到眼前的学习任务上。重要的是要确保课堂顺利有序地进行。

4. 经验丰富的老师在使用幽默时，并不是在单纯地开玩笑，而是让学生主动去发现事物有趣的一面。几乎每一种富有幽默感的评价都能够在创造温馨课堂气氛的同时，减少冲突的发生。

进阶练习

可在下课前向班级展示一幅与教学内容有关的漫画或一张有趣的图片。这会让课堂在愉快的氛围中结束。

你说了算

我真的不明白，我对学生们已经够包容了，可他们总是得寸进尺。

将自己定位成一个乐于助人的专业老师，你的职责是帮助学生学习，而不是成为他们的朋友。

老师们都有这样一个倾向，特别是新入职的老师，喜欢与学生走得“亲近”。这很正常，因为作为成年人，我们通过善待他人来保证一个顺利的工作环境。因此，我们很容易自然而然地认为，只要与学生们做朋友，他们也会友好地对你，得到一个良性循环。但你需要时刻谨记：你不是他们的朋友；你是他们的老师。你的任务就是领导学生，并为他们打造出最好的学习环境。如果你与学生们走得过近，学生们可能利用这个机会，不再听从你的指挥。许多调皮捣蛋的学生会将你的友好当作你的弱点，借此去掌控班级，当孩子王。

作为一名老师，你需要与学生建立长久的关系，每当你们见面时，你都能帮助他们学到更多的知识。这不仅仅是一堂课那么简单。因此，为了建立这样的关系，你需要：

- 持之以恒。
- 时刻保有热情、乐观（即便在你不开心的时候）。
- 坚持按规则办事。
- 时刻关心学生的进步。

你既不是他们的家长，也不是他们的朋友，而是他们的老师，因此，对你来说，最重要的就是与他们建立起这种独特的关系。绝对不要忘记，班级是由你掌控的，不论如何他们得听你的话。

教学小贴士

要让你的学生尊重你，而不仅仅是喜欢你，将这点作为你奋斗的目标。如果你竭尽全力地去为他们创造一个安静的学习环境，不知疲倦地付出，那么总有一天他们会开始尊敬你，而这种尊敬所带来的就是喜欢。被学生喜欢是意外收获，而被学生尊重则是必须做到的事情。

创意 7

建立你的系统

自从我建立并保持了自己的一套例程系统后，我不再会遇到应对不了的事了，取而代之的是，我开始有序处理所有事情，有时还会有小惊喜。从此，我有了更多的时间和精力。

许多老师都把自己的日程安排得满满的，几乎没有时间和精力去处理那些突发且重要的行为事件。

在行为管理方面，千万不要疏忽。建议您建立一套自己的系统和方法，帮助处理所有重复发生的重要事件。这些系统和方法对你来说很重要，它们会为你分担大部分工作。例如，可在以下方面精心制定一套可行的例程系统：

- 学生进出教室时。
- 发放、收集材料或作业时。
- 课程的结构布局及时间的分配。
- 布置作业、收作业，以及处理未上交的作业。
- 在书上做记号。
- 安排奖品。

教学小贴士

拿出一些时间去看看那些经验丰富的老师是如何建立自己的系统的，从中取长补短，运用到你的课堂上吧。

- 学生的校服穿得不合格时，及时处理。

- 在课堂上，学生有特殊请求时，比如上厕所或看医生。

通过建立自己的例程系统，能够帮助你处理可预见的事情，这样一来，你就会有更多的时间去处理那些不可预见的事情。以我通过长期观察得出的经验来看，许多行为管理方面的问题，归根结底都源于一个简单的原因，即老师没有高效的例程系统。

锦囊妙计 ★

实施一套“公开的”系统。将一张清晰易懂的大图表挂到班级墙上，向全班展示主要的例程内容。通过定期的查看，学生们会知道，班级里你说了算。与所有的优秀管理技巧一样，让学生主动完成任务的最好方法，就是让他们知道，你会定期检查。

“你来选择”

创意
8

我花费了大部分的时间在学生的突发事件报告和留校上。我没有足够的时间去备课。

“你来选择”能够利用最少的时间和精力去达到最好的教育效果。

在批评教育学生方面，掌握技巧对于老师来说很重要。一个既有效又节约时间的方法就是，让学生下课后留下，请来另一位老师倾听事件过程，并给出建议：“现在，我可以和你交谈一分钟，或者我也可以安排上一级的人员过来参与，给你家里写信，并让你课后留校。但如果你想的话，我们也可以现在就把问题解决了。一切都看你了，你来选择。”

向学生解释清楚你不满意的地方，以及你对他们下一次表现的期待。切记，要自始至终地对学生表现出友好的态度，对于他们的不端行为，要表现出生气的样子。

在你的笔记本上面加上一条："现在，我要把这件事记下来，如果下次你的表现有进步，我就会把它画掉。这样来看很公平，不是吗？此外，这样做还会节约不少时间，免去不少麻烦。"你还需要知道，如果下次学生的表现没有进步的话，该怎么办。到那时，你不得不采取进一步的措施。

在下一堂课的时候，要对学生的行为做适当的提醒，并对小进步给予表扬。如果学生在受到一次警告后又犯了同样的错误，你就需要按照事先计划好的规则办事。

教学小贴士

调皮捣蛋的学生常常会给自己找一大堆的理由，说自己课后没有时间留下来。他们在这个方面很擅长，会想尽办法让你相信他们必须马上离开。这就是为何我们需要请来另一位成年人，和你一起用一分钟的时间教育学生的原因。如果这个办法也无济于事的话，那你就需要请来更高级别的同事，让他来教育学生，告诉他们这种做法是不对的。

说话的声音有讲究

创意
9

老师在不停地讲话。我真不知道她到底在说什么。

老师说得更少，学生做得更多，这样才能达到更好的教学效果。

作为老师，你最有价值的东西就是你的声音，因此你要格外地注意保护你的嗓子。众所周知，老师在讲课时不宜大声喊叫，但还要注意不要过多地讲话。许多老师在上课时话说得过多，学生听的时间过长，就成了背景杂音。还有许多老师错误地认为，教学就是通过说话来教育，因此他们常常会喋喋不休地说个没完。其实，讲话只是教学过程中的一部分而已。

就优秀的行为管理来说，想要达到更好的教学效果，就要做到老师少动嘴，学生多动手。因此，为了达到这个目标，你需要用这种方法进行教学。我本人也是花了数年的时间才明白这一点的。其实，你说得越多，你的话效力就越小。此外，这还会让你感到很疲惫，损伤你的声带。

应该去合理安排你的课堂，尽量减少说话的时间。有些老师会站在班级前面，滔滔不绝地讲满一堂课。而下面的学生们都是昏昏欲睡、神情恍惚、毫无反应。他们根本没有在思考，没有在学习。

仔细观察那些优秀老师的课堂，你会发现，学生们都在积极主动地学习，而老师只是在来回地走动，观察学生，在旁边给出评价、指导和建议，甚至提出问题，仔细倾听。听取学生的反馈，老师就会掌握学生理解新知识的程度。而真正讲话的时间则不多。

教学小贴士

当你在做教学计划时，精心策划一下课堂的重要环节，想想如何才能让自己说得少，而学生又能做得多。

竞赛小明星

今天，我在学校过得很开心。我是竞赛小明星。

在每堂课中，选出一位“竞赛小明星”来激励学生学习。

“竞赛小明星”系统是一个不错的方法，既能鼓励学生，又能让课堂充满乐趣。每一堂课，都要告诉学生，你将挑选一位“小明星”。评判标准是学生的行为表现，或者作业质量。获奖学生必须满足下列要求：

- 努力学习
- 作业质量高
- 有所进步
- 持之以恒
- 能提出有价值的问题
- 举止得体
- 懂礼貌

老师需要提前说明“小明星”的评

教学小贴士

在比赛的过程中，学生们都会非常投入，因此你要等到下课之前再公布结果。这样可以避免学生之间的分歧和争吵。

判标准，确保全班同学知道自己应该如何做才能在下一堂课中被提名。当你选出一位“小明星”时，要顺带表扬一下其他表现优秀的同学，这样鼓励的范围才能更广。例如，“杰克，你的演讲真的很棒。马婷，我注意到你今天也积极参与到了团队合作当中，做得很好。还有乔治，你今天提的问题真的很有价值，很发人深思。大家今天的表现都很出色。但你们知道，我只能选一个人……而今天的‘竞赛小明星’就是玛丽！面对这么困难的任务，她仍能咬紧牙关坚持了下来，丝毫没有放弃。非常棒，玛丽！”

进阶练习

要尽量提高该奖励的含金量，这样学生会更努力地争取。例如，可在班级的展示板上贴上证书，公开表扬获奖学生；也可往获奖学生家里邮寄明信片，让家长们一同分享这份喜悦；当其他人或老师来到你们班时，向他们展示墙上的证书海报，并着重表扬学生。

行为笔记本

过去，我曾认为，如果不能解决跟课堂有关的所有事情，那我一定是位很失败的老师。现在我不再这么想了。

有些事情当下就可以解决，而有些事情则需要长期的计划才能解决。

对于老师来说，把所有刚出现的问题都马上解决掉，是一件非常困难的事情。确实有很多麻烦是可以在当下解决的，但还是有相当一部分的问题需要拉长战线。这时候行为笔记本就帮上了大忙。

让我们来看下面这个例子：一名学生长期以来都非常地叛逆。你已经批评他很多遍了，但他丝毫没有改观。通常情况下，老师会很自然地采取十分强硬的态度，想要一次性永久解决这个问题。然而，更好的做法应该是采取一种长期的策略，可以这样对学生说："莉莉，我已经说过你很多次了，不要总对其他同学挑事，但你完全听不进去我的话。我不想和你争吵。我打算这样处理……”拿出你的笔记本。然后说：“我要和你的家长开个会，一起商量对策。我们不能让你再这样下去了。”将事件的原委简单地记在本子上，然后对学生说：“现在，我们要继续上课。”最后，把这事儿先放一放，继续上课。

老师在处理类似事情时，要将事情经过写下来，事后用冷静又坚决的态度处理。对于大部分学生来说，这招都很管用，并且真的能解决问题。此外，这种方法不仅能够避免争吵，还能让全班同学知道，不良举止是不会被忽视的。

教学小贴士

采用这种教学方法的好处有两点，一来能够给老师足够的时间去思考处理该问题的方法，二来能让老师抽出时间去和问题学生私下面谈，还能够和他们改善关系。我还发现，老师还可以通过这样的机会，关注学生，关心学生，主动了解他们。把他们说的话都记在你的笔记本中，并问问他们：“你觉得我们应该怎样解决这个问题？”当他们说出自己的想法时，老师要认真地倾听，并将他们说的话记录下来。这种方法很容易改善师生关系，因为老师可借助这样的机会让学生知道，自己很在乎、很关心他们。

创意
12

积极的言语

我花了数年的时间才明白，我说话时的措辞和语气完全能影响到学生的反应。

每一个优秀老师都会发现巧妙使用语言的重要性。说话时，要时刻考虑到你想要达到的效果，斟酌你的措辞，用积极的言语进行表达。

不论你教的是哪门课，创造出一种积极向上的学习氛围才是重中之重。在开口说话前，要认真考虑你的措辞。例如，不要说："我警告你要保持安静，现在你惹怒我了！"试着说："非常好。大部分同学都完成得不错。再多交上几份就更好了。"不要说："哈里森，这次又没交作业？你从来都不写作业。下课后留下来写作业！"试着说："哈里森，看来在让你写作业方面存在一些困难，所以我们会一起坐下来谈谈，看看如何解决这些问题。你在课堂上还是表现不错的。别担心，我相信我们一定会找到解决办法的。"

教学小贴士

在学校观察其他老师，找到最积极快乐的沟通方式，并学以致用。让其他老师听听你的课，并虚心听取他们的评价和改进的建议。

这种方法不仅能够让你得到理想的结果，还能创造出积极的课堂氛围。你可以将此方法用于所有的指令和行为。你的语气或许很坚定，但你一定要大声并清晰地传递出信息："做得越来越好了。继续加油！"当然，重要的不仅是你的措辞，还有你说话时的语气、语速、音量以及肢体语言。当你注意了以上几点，与学生的沟通就会变得既高效又积极。

锦囊妙计 ★

与其他课堂氛围积极的老师定期开会，通过角色扮演的方式，模拟课堂上发生的各种状况，尝试探索用积极的言语去解决这些问题。

创意
13

肢体语言

我开始发现，并越来越相信，说得越少，肢体语言越多，达到的效果就越好。

使用并改进你的肢体语言，能够提高你的教学质量。

在教室里，有效地使用肢体语言是十分重要的。从你踏入教室的那一刻起，学生们就会注意到你；学生们会盯着你，从你的肢体语言中寻找线索，因此请记住：

- 挺直地站着；不要耸肩。
- 偶尔讲话，以示你正在关注着大家（例如，“玛特，做得不错，这是个不错的开始。”）
- 发明一些手势，表示不同的含义。例如，一只手指放到嘴边，表示安静；轻轻地拽一下耳朵，表示“听”。
- 在教室里自信地走动。
- 手里拿着重要的记录（比如，座位表）。不要在你的公文包中一通乱翻，

教学小贴士

可以给你的教学课录像，这样便于分析并改进你的教学风格和肢体语言。

因为你的注意力需要放到班级上。

- 当进行视觉展示时，要清晰、明确，时刻检查学生是否理解。
- 在教室中找到一个显眼的位置，每次向全班通知重要事情的时候，都站到这个位置。长此以往，一旦你站到了那个位置，学生就会听你说话。
- 走动的时候要镇定自若；要从容地停顿，不要表现出压力。
- 谨记，如果学生表现得不好，往往你的一个表情就足以让他们改正。

锦囊妙计 ★

养成寻找有感染力的演讲者的习惯。（在网络上有很多的选择。）你会看到，他们是如何借助演讲的技巧来吸引观众的。特别要注意他们的肢体语言，观察这些肢体语言是如何促进信息传递的。最后，试着使用那些技巧，并将其融入自己的教学风格中。

学生的反馈

我喜欢我的老师，因为他总是询问我们的建议，并试着去做。

想要找到最好的教学方法，就要问问最重要的人：你的学生！

在教学中，有价值的反馈总是少得可怜。是的，尽管有审查和听课等程序，但从中得到的反馈，与你所做的相比，简直是微乎其微。你或许偶然听到过学生对你教学的评价，但单凭这些还不够。

想要得到有价值的反馈，真正有效的方法是去设计一个售后服务调查问卷，并让学生们去填写。该问卷不必让所有学生都填写，也不必过于频繁地使用。而一旦使用，它将给你带来重要的信息，而这些信息是你之前从未知晓的。在你的问卷当中，可以放入与下面这些类似的问题：

- 在本课中，你最喜欢的是哪部分？

- 哪种类型的任务是你经常想去做的？
- 在其他课堂中，有哪些任务和活动是你喜欢做的？
- 什么会让你表现得好？
- 什么会让你表现得不好？

这些信息会让你明白，在你的教学中，哪部分得到了理想的效果，哪部分没有。此外，还会帮助你发现在行为管理中有哪些更加高效的管理技巧。

教学小贴士

如果你采用了学生给出的教学方法，记得告诉他们，并感谢他们提供了如此有价值的反馈。这样可以让教学过程看起来就像是一本打开的书，每个人都能够参与其中，一起编写、改进，并享受书中的内容。此外，通过这种方式，还能让你表现出对学生的关心，表示你愿意倾听他们的心声，满足他们的愿望。

可怕的代课

我们本以为自己会逃掉这堂课，因为每当有人代课的时候我们都这样做。但是，这次的代课老师真的很不错，我真希望他能再来教我们。

在准备代课的时候要格外地用心，甚至要比准备自己的课还要用心。长此以往，你会发现，你的努力不会白费。

很多老师都害怕代课。因为在代课时，课堂上总是会出现调皮捣蛋的问题学生来干扰你。但作为一名中学老师，给他人代课是避免不了的工作。毕竟，总有一天，你也会需要其他老师帮你代课。

如果你用心让自己成为一名不错的代课老师，那么你会得到不少的收获：

- 在处理恶劣行为方面，你会强化技巧，变得游刃有余。
- 你将能够把无聊的任务变成妙趣横生的体验。
- 在其他学科领域，你还会得到有价值且独特的领悟，这对你的教学很有帮助。

许多问题都会出现在代课老师的课堂上，包括：学生需要与新老师之间反复磨合；没有座位表（或者在需要的时候，没有及时地制作出座位表）；代课内容没有充分准备；不知道学生的名字，以及不了解该门课程“后备系统”的规章制度。

那么，如何成功代课呢？

- 你通常都是到了当天才知道哪位老师没来，然后被突然地叫去代课。但其实这些老师的缺席有时是可以提前预知的。你可以通过登记的出勤表，或者老师的病假信息获知这些消息。

- 找到教室的位置，提前弄明白钥匙在谁手里，以及从哪里可以获得代课的资料。

- 提前看看代课的资料，想想如何讲这堂课。

- 找到该门课的教学安排，以及相关科目的老师们。

- 准备一个应急文件袋，里面有备用钢笔、纸、白板笔，等等。

教学小贴士

面对从未见过的学生，对于他们的调皮捣蛋你束手无策，严重影响了你的课堂教学，这很可能成为你教学生涯中最灰暗的记忆。在你代第一堂课之前，要弄明白，在该班级请学生出去的流程是怎样的，在心里多练习几遍，最后信心十足地应用到实践当中。

锦囊妙计 ★

如果担心接到临时代课通知后，内容准备得不充分，那你可以提前准备一个万能文件夹。里面放着课堂开始时需要用的活动内容。在刚开始上课时，要自信地、像模像样地将其拿出来，期望学生能够马上上手完成这个任务。你会发现，让学生直接去做任务会大大地降低学生捣乱的概率。要确保该活动内容简单明了，有趣，好上手，并能够长时间吸引住学生。

- 如果你没有拿到班级座位表，那么在你点名的时候，就需要马上写下一份。当你能够准确叫出学生名字的时候，你就得到了主动权。不要指望着学生会主动告诉你他们的名字，点名时，你可以让一位看起来比较老实的学生告诉你他们坐的位置。

成功的自我评估

我喜欢自己检查作业，因为这样能让我知道该做些什么。而且老师相信我。

让学生快速地自己检查作业，不仅能帮助你节约时间，还能够提高准确率。

通常来说，如果让学生清楚地知道自己的作业会被老师定期检查的话，那么他们作业就会完成得更出色，表现也会更好。

事实上，老师们在检查学生作业方面是随机的，没有规律可言。他们喜欢着重关注某些学生的作业，从而忽略了其他学生。很明显的一个原因就是，你没有足够的时间去检查所有学生的作业。

因此，你需要首先教会学生如何根据标准来快速地自我评估作业，让他们给自己打分，满分为十分。评分标准应当简单易懂。等到合适的时机，例如，课上到一半的时候，可以说：“现在是自

教学小贴士

不要将学生的分数记录在一长串的名单上面，而是要记在座位表上。这样你可以时刻关注到学生的自我评估情况。如果一名学生不知道应当如何自我评估，不要让他耽误全班的进度，只要告诉他你会过后找时间单独教他。

我评估时间！”说这话时要用积极乐观的语气。

然后，进行全班点名，询问他们各自的分数,并记录下来。你会惊奇地发现，他们给自己打的分数是那么精确，无半点夸张，自我激励性很强。这还能增进师生间的信任感。学生们都很喜欢这种方法。这种方法非常有利于教学，不仅能让学生关注自己的作业，还能让他们主动思考如何改进自己的作业。

无所不知的老师

我的老师什么都知道。什么事儿都逃不过他的法眼。

管理恶劣行为的最好办法就是将其扼杀在摇篮里。要让自己出其不意地经常出现在班级里。这样学生就会认为，所有的恶劣行为都会被你看到。

本课的教学目的在于，培养学生的感觉，让他们觉得你一直都在旁边监督他们，什么事情都逃不过你的眼睛。因为你的出现会让恶劣行为出现的概率大大降低，同时促进了学生的学习。想做到这点，靠的可不是大喊大叫，没完没了地讲话，或者威吓。而是通过一种安静而又深思熟虑的策略。以下是一些实用的小技巧：

- 走到同学们中去，小声地评价指导他们的作业。
- 经常站在一旁，安静地观察学生。
- 给学生以指导，告诉他们应当如何去做。

教学小贴士

通过对重点环节的讲解，给你的课堂提出一系列的“关键词”，让学生知道目前为止你对他们的作业感到很满意，并提醒他们下一环节的内容是什么。同样，最重要的是要表扬学生们完成的优秀作业。

- 站在班级不同的位置给出评价，包括教室后面，这样学生会觉得你是他们当中的一员。

精心地加入其他一些小动作，你会让学生觉得你无所不知。这样你还可以取得一种优势，能够在事情处于萌芽阶段就发现，并在其恶化之前就快速地解决掉。你将创造一种动力和节奏。这样会让学生觉得，你知道班级里正在发生的事情，你一直陪伴在他们的身边。这样你才能够真正地掌控班级中的所有事情。

座位表不离手

问老师能否换座是不可能的事儿。因为她根本不会同意！

面对调皮捣蛋的学生，进行座位调整可是必不可少的方法。

以下是一些关于调整座位的参考建议：

- 确保整个班级的座位布局是你想要的那种。
- 将那些调皮捣蛋学生的座位分开。
- 要考虑到有特殊需要的学生：例如，视力不好的学生需要安排到前排。
- 从一开始，就要确保班级的座位安排合你心意。如果需要高年级老师的帮助，那就大大方方地请他们来帮忙，要知道这是一场必须打赢的仗。如果让学生随心所欲地想坐哪里就坐哪里的话，那么你从一开始就失去了优势。对于那些不配合的学生，把他们赶出教室比对

教学小贴士

如果学生出于一个很严重的原因必须换座位的话，那么你就需要大张旗鼓地做这件事。请一位高年级老师来到你的班级，为你们做见证。当着全班的面，宣布换座事宜。要让这一切看起来都非常地正式。并说明，年级主任那里已经拿到最新的座位表。这样一来，学生就知道以后要是想换座，就需要经过一重重烦琐的手续，因此他们就不会去主动要求换座了。

他们妥协要强。

- 学生会先试探，找一大堆的理由让你给他们重新安排座位。不论如何，你都要拒绝他们。如果你觉得，“好吧，我觉得这样的安排不会有多大的影响，那就把南希调换一下位置。反正她一直表现得都很好。”如果你真的这样做了，那么其他学生就会觉得不公平，他们会反驳道：“你既然同意南希换座位，为什么不给我换？这样不公平！”长此以往，学生们都会坐到他们想坐的位置，而你的权威就不复存在了。

- 可以把座位表打出来，贴到班级墙上，让学生知道他们近期是不会换座位的。

课堂的超级开场白

每堂课最难的部分就是开场白。

想要一堂课有个不错的开始，就需要借助上堂课的精彩内容。

你如何做才能让学生急切地想开始一节课？一个不错的方法就是提醒他们，让他们回忆一下上节课的精彩内容。具体来说，可以挑选几名上堂课表现出色的学生，用积极的语气鼓励他们，让他们今天做得更好。

以下是一些鼓舞人心的例句：

• “米拉，你在上节课中出色地完成了写作任务。我知道你今天一定会做得更棒。”

• “杰克，你已经开始学会使用一些‘出彩的’词语了，非常好。我想看到更多的漂亮词语。”

• “梅布尔，我真没想到，你能把

教学小贴士

当你使用本课的“超级开场白”技巧时，要确保你每次点到的学生都不一样。与此同时，要简单明了地记下上节课的关键内容，以便着重强调时使用。谈谈你目前满意的一系列事情，从行为习惯到达成的目标，并用它们来过渡到新的一课。

雾气重重的湖泊和城堡描绘得如此栩栩如生。做得太棒了！”

通过这种方法，你能够创造出温馨的课堂氛围，为精彩的课堂打下基础。然而，许多老师在课堂开始时经常没精打采，从一进教室就开始抱怨；我曾见过有的老师在学生刚进教室的时候，就在黑板上写下今天要留堂的学生名字。这样做是非常错误的！

事实上，你可以快速地提醒学生上一节课某些具体内容，表现出你对他们的学习很感兴趣，这会让你的课堂有个不错的开始。

找到妙趣横生的切入点

每当使用这个创意时，我发现从上课一开始就能抓住学生的注意力。

从你要讲的内容中找出一些妙趣横生、引人注目的内容，借助它们来吸引学生的注意力。

报纸是如何让平淡无奇的故事变得那么吸引人的？那是因为编者们找到了“切入点”，并放大了这个点来吸引读者。同样，老师也可以采用同样的方法，加强课程的趣味性。

- 在教学生雄辩的措辞时，可以借助最近流行的电视广告语。

- 在科学课上，向学生介绍微波炉的使用方法时，可以拿出一枚鸡蛋，然后说:“如果我把这枚鸡蛋放入微波炉中，让它转两分钟，你认为会发生什么事？”

- 对全班同学说：“偷一条面包的惩罚措施就是砍掉手！”当学生流露出惊讶的表情时，你接着说：“好吧，这是

进阶练习

在做教学计划时，在你的盒子中放入“找到妙趣横生的切入点”的标签，时刻提醒自己做到这一点。记录下你使用的切入点，以便日后再次使用或调整。

我们国家500年前的规定……”然后过渡到今天的历史课内容。

• 在美术课上，向全班同学展示一幅画有树木的图片，然后在旁边放一幅蒙德里安的色彩盒子画作。并说：“蒙德里安的艺术生涯是从画树木开始的，他最后开始画这些形状。这中间他花了三十年的时间，才从树木过渡到这些形状。在今天的课堂上，我们要在一小时内就完成这样的过渡！”

• 在数学课上教学生角的概念时，可向大家展示一幅剑桥大学内一座经过精确计算的大桥，并问学生：“谁能告诉我，这座桥有何特别之处？”

本课的创意会让你的学生养成一种习惯，他们喜欢从你的教学工具中找有趣的东西，这能立刻吸引学生的注意力。

课堂分享

我很享受今天的课堂，因为这堂课很有趣。而且我知道自己在做什么，因为我们之前在德国的时候也做过类似的事情。

借助其他学科中的杰出教学创意，与此同时也与其他老师分享你的观点。这种方法能够让你与全校老师的课堂更加丰富多彩。

那些伟大的老师只需借助一点点的创意和想象，就能将任何内容重新包装，变得妙趣横生，应用到自己的课堂教学中。

要养成与其他科目老师定期沟通的习惯，从中找到可以吸取的不错经验，想想如何将这些不错的点子用到自己的课堂当中去。

将这些点子付诸实践，对你的学生说："我与地理老师们聊过了。我了解到那堂课上得非常成功，你们齐心协力地制作出了英国地图。所以今天，我打算在墙上挂一张数学地图的海报，你们所有人都要参与进来，我们一起来看看某些数学公式是如何运算的。大家觉得怎

教学小贴士

要确保你向同事们提供并分享了你最好的创意点子，这样的沟通才不至于是单向的！不仅要让其他老师从你的观点中获得启发，你也可以问问他们如何改进你的点子，并看看你的点子在其他课堂上是否适用。

么样？”

这样做的好处有如下几条：

- 你与其他科目的同事建立起了友谊，互帮互助。
- 你向学生展示出你很关心他们，并且想为大家创造出人人参与的课堂。
- 这些点子基本上都会行得通，因为它们已经被“考核”过了。
- 你拓展了自己的资源和点子库。
- 学生的表现也会更好，因为他们快乐地参与到了熟悉的课堂内容当中。

力气用在刀刃上

我上他的课时从来不溜号，因为他的课堂太有趣了，我喜欢参与其中，而不是蒙混过关。

把学生额外的精力也都吸引到课堂上来，这样可以减少恶劣行为的发生概率。

许多恶劣行为的出现，都是因为学生身上有过多的精力需要释放出来，只有这样他们才能冷静下来。

在上课之前来一次小测试可以帮助你把握学生的注意力：

- 将全班分成两组：A组和B组。
- 每组挑选一名学生担任该组代表。
- 请两名代表上前完成一个任务，彼此相互竞争。重要的是要明确地告诉学生，老师只挑选那些保持安静的同学当小组代表。
- 两个代表有一分钟的时间完成比赛。

需要完成的任务包括：

- 一分钟内在黑板上画好一个物品。

教学小贴士

这个环节必须经过精心安排。比如，如果你打算让他们在一分钟内画出一个茶壶，当时间到时（发出明确的信号，比如停止播放音乐），收回白板笔，并说："好的。现在请回到你的座位上，我要给你们打分了。"要以累积计算的方式给出分数，并要让两组的分数尽量接近，这样学生们才有动力继续努力。每轮游戏，只能从每组中挑选一人。

- 人体雕像。
- 算出总和。
- 破解密码。
- 拼写单词。

如果设计巧妙，学生将从中获得很多的乐趣，能够有效利用身上过多的精力。通常情况下，他们都非常喜欢这样的游戏，并且玩过之后都意犹未尽。你可以趁热打铁，答应他们如果完成了本课的任务，那么大家在下课前还可以玩一次。

重要的公告

这个办法要比一遍遍地警告学生，效果强百倍。

在全班面前朗读一份从高年级老师那里拿来的公告，会有事半功倍的效果。

这是一个非常奏效的小技巧：拿出一个巨大的信封，上面写着“重要”二字，向学生们展示。让全班安静下来后，说：“史密斯先生让我来给大家朗读这份重要的公告。”（当然要选一名大家都尊重的老师，并提前与该老师沟通好。）

很多情况下都可以使用该方法，比如，有许多学生上节课的时候嚼口香糖，并无视你的劝阻。那么公告的内容可以是：“杨先生已经向我提及上课嚼口香糖的事。我已经让杨先生把所有无视这一重要校规的学生名单给我。史密斯先生敬上。”读完后像平常一样正常教学。

该创意的优点如下：

教学小贴士

只在重要的事件上才用该方法。要让信件的内容简短有力，读的时候表情严肃。记得在下节课的时候对班级有所反馈，比如：“史密斯先生很高兴地看到，你们都遵守了规定。”

创意
23

进阶练习

为了让这个方式看起来更逼真，可请史密斯先生（也就是公告中你提到的那名老师）偶尔来到你的课堂，讲几句话，来支持你的做法。

- 你可以将其用到所有给你带来麻烦的问题上。
- 还要向全班严肃地表明，你不会轻易忘记重要的问题，相反你很重视它们。
- 学生会明白，不仅仅是你一个人在强调这一规定，而是全校都参与其中。
- 只需要与高年级老师打好招呼，你就可以用这个方法来加强你的管理，事半功倍。
- 写出来的文字要比说出来的更具有权威性，该方法恰好用到了这点。

未解之谜的力量

我至今仍记得那些未解之谜，这是我们上课以来所做的最棒的事情。

充满神秘感的事物能够抓住学生的注意力，甚至能够吸引最调皮捣蛋的学生。

如果老师能够给同学们讲述一个神秘感十足的故事，那他会死死地抓住学生的注意力。它能够帮助你避免许多恶劣行为的发生，因为学生们都会被你的故事吸引过去。

在上课之前，选择一个合适的故事，好好地研究它，再准备几幅图片。借助一点小创意，你还可以将这个故事与今天要教的内容联系起来。

以下是一些未解之谜的例子：

- UFO
- 巨石阵
- 亚特兰蒂斯
- 玛丽·赛勒斯特号

教学小贴士

在刚开始讲故事的时候，要让故事尽量简短，抓住学生的注意力，之后再一点点地进一步拓展，不断地添油加醋，给学生新鲜感。例如，当学生们走进教室的时候，把玛丽·赛勒斯特号的图片挂到黑板上，并提问："船上的船员们都去哪儿了？厨房里的食物都已经摆放整齐，看起来早餐要开始了：鸡蛋的顶部已经剥好了。那么船员们都去哪里了呢？关于这一天，没人知道发生了什么事……"让你的声音也充满神秘感，把学生吸引到你的故事中去。

刚开始讲故事时就给全班展示图片，并用一种兴趣十足的态度讲述该故事。给出可能的解决方案，以及其他人的种种猜测，然后再次强调这件事至今仍是未解之谜。问问学生有什么看法，并随着大家的参与，给出更多的神秘要素来增强神秘感。

询问学生有关该未解之谜的观点和想法能够帮助学生们参与到课堂之中。这样做确实能够抓住学生们的注意力，从而更好地过渡到课堂的下一环节。你还可以将其作为奖励的方式，说："如果我们能顺利地完成今天的教学任务，那么我们可以在下课之前再次讨论这个未解之谜。"

谁应该卖力

每上完一节课，我会筋疲力尽。我尽了最大的努力上这堂课，所以这应该算是不错的一节课，不是吗？

行为管理固然重要，但同时你需要让学生也参与到其中。

我曾观察过一名老师，她在学生当中非常受欢迎。每当她竭尽全力上课时，就会指着活动挂图，头上戴着古怪的帽子，讲解着什么东西，有时甚至又蹦又跳，为的就是让学生们开心。她会时不时地问学生些问题，在学生回答完问题之后，她还会双手击掌，大声喊道："非常棒！"

很明显，学生们表现得还不错，而这个老师也很受欢迎。除此之外，我内心却有些隐隐的不安。这位老师表演得很不错，也完全掌控了班级，但如果我是学生，很快就会明白，其实被提问到的概率很小。我需要做的就是坐在原位，好好听讲。这样的一节课下来，老师会

教学小贴士

想要改变这种状态，你需要做的是分析你的课堂，或者让其他人来帮你分析。要仔细观察一系列的课堂，着重分析时间的分配。思考这样的问题："整堂课当中，我说话的时间比例是多少"；"学生独立出色完成任务的时间有多少"；"如何做才能改变这一比例"。类似于这样的问题和信息可以让你专心地思考如何更高效地利用你的时间。

筋疲力尽。我很确定，她肯定认为这节课效果不错，因为她是那么的尽力。但是，学生们真正参与其中的部分有多少呢？他们真正学到了多少知识呢？

尽管同学们的表现都很不错，老师也确实完成了所有的教学任务，整个教学过程中都掌控着班级、管理学生的行为，这是一堂不错的课，但是，这其中学生做的又有多少呢。虽然你需要投入大量精力来完成教学任务，达成教学目标，但这样做的目的应该是让学生们参与其中，而不是娱乐他们。

加强自我学习能力

我喜欢那堂课，真的很喜欢。课堂气氛非常和谐，大家都互帮互助。我感到自己是集体的一员。

创造合适的学习环境，让学生们能够真正的进行自我学习。

作为教学中的一条规律，课堂上老师说得越少，学生做得越多，学生表现就越好，学习效果也就越好。然而，在许多所谓的自我学习或集体活动当中，你或许会发现，事实上，并不是所有学生都积极地参与到活动当中，而是躲在其他同学身后。

想要创造一个适合自我学习的环境，老师需要转换自己的角色，将自己变成“协调者”而不是“老师”，并成为“中心”，让学生们都围着你转。你负责管理材料和资源，最重要的是，你需要创造一个忙碌的求学氛围。通过公开地与学生分享成果，可以创造出学习动力。

教学小贴士

大声地表扬学生可以对该环节有所帮助，你可以说“这是个非常有趣的问题——非常好”。给学生发放辅助表、重点信息卡片和核对表，并不断地提醒他们常看看这些。这样做可以鼓励学生不断地提高自我学习能力，以及互帮互助的能力。

例如，鼓励并提醒学生提出问题。然后，带有激情地对他们说：“太棒了！大家都听着。艾萨克同学写下来一个有趣的问题‘如果我连续三次掷骰子出现的都是四点，那么我下次掷骰子出现四点的概率有多大？’……而劳伦已经算出了这个问题的答案！”

这种集体的兴奋会鼓励并吸引大部分学生参与到活动当中。他们会感觉到自己的进步和共同努力的目标。

图标的力量

有时候做得越少，反而效果越好。无须大声喊叫，让自己的声音盖过喧闹，我只要向学生展示特定图标就可以了。这就像魔法一样神奇！

为了节省精力，不反复强调例程规则，你可以训练学生识别图标的能力，并对其有所反应。

你建立了一套例程规则，为的就是让自己节省精力，这样你就不用在上课的关键时刻反复提醒学生该做些什么了。而为了支持并实施这些规则，你需要借助图标来完成，它们能让你的课堂更加顺畅。以下是一些值得参考的实例：

- 如果在上课的时候，学生还没有按照要求把书包从桌子上面拿下去，这时你可以举起一幅大图片，上面画着一个书包，书包上面打着红叉。
- 如果有学生没有拿出作业，这时你可以拿出一张放大的作业本图片。
- 如果你想让学生们换个活动，可

教学小贴士

要让图标内容简单明了，放到A3大小的卡片上，定期使用。

进阶练习

为了让学生们快速接受图标，当你拿出图标时，可以让一名学生说出图标的含义，在其正确回答后给出肯定。这种方法也可以让信息清晰地传递。当你与学生建立起了良好的关系，并且他们也对你的图标十分熟悉，这时可以请学生上前代替你举图标。这样做可以避免冲突的发生，并让学生感到你是他们当中的一员，大家都在为了一个共同的目标努力。

以出示一幅画有圆圈形状的箭头。

- 让学生听讲的常用图标是：一个大大的耳朵！
- 如果班级太嘈杂，拿出一个音量标尺，指出你想让声音降到的位置。

轮岗小班长

作为一名新老师，我总是把主要精力放在讲课内容上。我从来没有想过，像收发材料这么简单的事情都会有这么多的麻烦。

老师在上课时总是会低估发放材料这样的准备工作的麻烦程度。这时你就需要并高效地使用一套实用的方法。

虽然分发材料看起来是小事一桩，但就是这种小事也会给你带来种种不便。为了将麻烦降到最小，给自己制定一个详尽的实用方法吧。

首先，切忌自己去发放材料。如果你亲自去发放材料，会很耽误时间，同时也会让你分心，不能够掌控全班，照顾全体。解决这一问题的方法，就是制订一套轮岗小班长计划，并在座位表上标注出来学生轮岗的顺序。

具体实施细则：

- 保证轮岗小班长们有各自负责的排或者组。
- 在收发材料之前，让学生们放下

教学小贴士

就这种方法来说，最大的困难就是小班长们拒绝合作。你可以在制定长期的轮岗表的同时，采用一种既便捷又简单的方法。此外，你还可以在上课之前小声告诉轮岗小班长们，今天是他们值日，这样可以让他们提前做好心理准备，避免不必要的冲突发生。

笔，认真聆听材料收发要求。

- 响铃时，给学生足够的时间去收发材料，以避免产生混乱。

其次，在小班长们收作业之前，一定要向学生说明你所要求的收作业的方法。“请大家停下来听我说。绿色的表单是家庭作业。请将蓝色的表单放到桌子上。现在，请轮岗小班长们听好了，我想让你们收的是蓝色的表单。大家听明白了吗？好吧，现在请小班长们开始收蓝色的表单。”

让学生当老师

刚开始的时候，我还有些紧张，但现在，我很喜欢主动帮助老师讲课。我以后想当一名老师。

让学生上台替你讲课是行为管理中一个不错的方法。

标准的上课模式就是老师站在前面讲课，学生坐在下面听课。其实，让学生上台帮你讲课是一个不错的方法，我也是花了很长时间才意识到这点。

如果在使用这种方法时管理不当，则会导致让学生做了许多无用功，让老师觉得这种方法不可行，从而又退回到最原始的上课模式中。但如果这种方法使用得当，让学生们参与到课堂教学当中，会非常有助于行为管理。

让学生自愿上前帮助你。给他们一支白板笔，让他们像你上课时那样写出关键词。偶尔给他们些提示，让课顺利地进行。要知道关键词和短语比长篇大

教学小贴士

在下课前进行课堂总结时，可以请更多的同学上台帮助你。不论你在何时请同学上台，记得要说这样的话："感谢这两位同学。现在请你们回去坐好（边说边把他们手中的白板笔收回来），这样我可以再请两位同学上台来。"切忌一次请两名以上的同学上台。

论实用得多。

这种方法有助于行为管理，因为它能够让学生注意力更加集中地上课，参与性强，趣味性也有所提高。重要的是要提醒学生们，你只挑选那些"安静的"志愿者上台讲课。

学生们从你那里学到了记笔记的技巧，在你上课需要用到关键词时，则可以使用学生们的笔记套路，做到互相学习，提高互动性。

温故而知新

我能够从老师那儿获得知识，也能从好朋友那里学到好多。现在，我不再害怕提问题。

将你的课堂变成学生们互帮互助的课堂。

最有效的学习方式就是把自己会的知识教给他人。试着组织一些班级活动，让学生们有机会互相指导。这种学习方式更为有趣，能让学生们充满活力，还能在不知不觉中帮助老师进行行为管理。此外，该方法还有以下好处：

- 学得更明白。
- 更加有自信。
- 释放多余的精力。
- 老师也变得轻松。

这里有一点要注意：一般情况下，都是学习较好的学生去辅导那些学习稍差的学生。其实，你完全可以摒弃这种模式，发挥一下你的创造力。试试下面

教学小贴士

在上课期间，在关键点处停下来，让学生之间相互分享所学内容，然后再继续上课。如果连续进行该活动，效果更佳。不要给他们固定分组，要允许学生自由换地方，与不同的同学交流。还要确保你有一套完整的规章制度，来避免班级陷入混乱！

创意 30

进阶练习

借助该创意，设计一系列的课堂活动。例如，组织一个活动，让同学们研究学习伊丽莎白时代的伦敦生活：安排学生们研究不同的领域，包括食物、居住、工作、娱乐和交通。每名学生都要针对自己研究的领域做简短的总结，并与其他同学分享。当他们是“学生角色”时，让另一名学生担任老师的角色，向“学生角色”的同学提出要求，让他们将已学到的内容写下来。

的方法：

- 布置一些任务。这些任务需要学生之间相互交换信息才能完成。
- 分配资源。让学生们得到的是不同的信息。
- 老师要进行角色转换。你的任务是让活动顺利有序地进行，让学生们养成有问题找同学帮忙的习惯，而不是向你寻求答案。

不感兴趣的学生

你是怎么让博恩同学听话的？他可是从来不听我的话！

想要让学生对你所教的学科感兴趣，需要让你所教的内容与他喜欢的话题相联系。

这是一个非常棘手的问题。不论你多么用心地教课，有些学生就是对你所教的内容不感兴趣。这时候就需要你和他们单独聊聊。让他们知道你已经注意到，他们连续数节课对这门课程都提不起兴趣。要饶有兴趣地与他们接触沟通。通常情况下，他们会和你说实话，即他们觉得这些东西“很无聊”。

通过与此类学生的用心沟通，你会发现他们所感兴趣的学科和领域。或许发现它们需要假以时日，但你总会找到突破口！

例如，如果你发现他们擅长地理，但你所教的学科是英语，这时你可以对

教学小贴士

一旦你与学生之间建立起了这个重要的桥梁，让学生开始学习之前不感兴趣的学科，那么你可以试着重新引入最开始的内容。你会发现，这次成功的概率反而会大很多，因为你已经做好了铺垫。

进阶练习

当你找到了学生的兴趣所在，可以适当调整你的教学内容，让其迎合学生的喜好。当你把量身定制的内容呈现到学生面前时，他们会注意到你为之付出的努力，更会心存感激。

学生说："博恩同学，我知道你对英语不感兴趣，我一直在思考该怎么解决这个问题。你刚刚告诉我你喜欢画地图。那你看这样可不可以，你能否根据我们所读的这本小说画出一幅地图？我会告诉你如何去做这件事。你想试试吗？"

该方法的好处有：

- 学生会发现，你正在努力地让这门课变得有趣，而这点恰恰能够让学生更愿意配合。
- 你可以对学生的进步加以表扬（不论进步有多小），这会帮助你们改善师生关系。
- 你可以在此基础上，继续其他工作。

切忌与学生独处

她说我说了一些不恰当的话。这太荒谬了！我当时是在给她讲解家庭作业。现在我被停职调查。这简直就是噩梦。

一定不要让自己与某个学生单独相处，因为你要避免那些错误的控诉。

虽然这是一个基本常识，但很多老师经常忽略这点。如果你在课后单独留下一名学生，对其进行表扬或者批评时，切记让其他人在旁边。这点一定不要忘记。大部分时候这都会被认为是没有必要的，然而你一定要做到这点，才能免于受到不正当的行为指控。

一旦有学生对你指控，即便这指控是空穴来风，所有人都不会关心你到底做了什么。他们最想知道的是，“你为什么会单独和一名学生相处？”

一些老师会选择让另一名学生在场，但我的建议是，旁观者最好是一位成年人。当你对此养成习惯，并乐于这样做之后，你会发现，其实做这样的安排并不困难。

教学小贴士

事实上，如果你真的想在课下与学生谈谈，并且身边没有成年人在场时，你可以把谈话地点换成办公室，在那里会有其他老师。你可以这样对学生说：“伊桑同学，可以到我的办公室来一趟吗？我想让另一名老师听听你今天取得的进步。”或者：“伊桑同学，请到我的办公室来一趟。我想把你今天的下课留校取消，我想另一位老师也会同意我这么做的，因为你今天进步很大。我想我需要听听这位老师的意见。”

黄金搭档

作为一名助教，我喜欢与那些懂得与人共事并分享的老师合作，不喜欢那些对我颐指气使，让我做枯燥乏味工作的老师。

与助教商讨并制定一些班级规定，两个人齐心协力能变成黄金搭档。

在帮助管理行为方面，助教的作用不可小觑。然而不幸的是，老师与助教的关系普遍都没有达到理想的程度。通常情况下，助教的作用没有发挥出来，问题就出在老师与助教之间缺乏沟通。人们还经常错误地认为，在班级里，老师就是“老板”，而助教就是应该听老师的话。其实不然，老师与助教之间应当互相配合，成为黄金搭档。

以下是培养黄金搭档的一些小建议：

• 选择在教室以外的地方见面，共同商讨教学策略和方法。

• 一起排练一套“假设……发生”的双簧，以备上课时使用。这种双簧会更加吸引学生。

- 将你的教学计划大纲与助教分享。

- 鼓励你的助教行使自己的权力，并常提醒你的班级，让学生们知道助教和老师的权力一样。

- 如果你的班上有一群不好管理的学生，请你的助教坐在学生旁边，帮助他们上课集中精力。

教学小贴士

如果一名学生难于管教，上课嬉笑打闹，打乱课堂秩序，这时你可以和助教一起走近该学生（但也不要太近）。以悄悄话的方式与助教进行讨论，说出你对这个学生本抱有很大期望，因为你知道他/她能做好，但现在他/她令你很失望。转向学生，让他/她继续学习。然后，你和助教必须离开此处，去教室其他地方。要知道，两个成年人一起出现在学生面前，共同讨论该学生的行为，对学生会产生很大影响，学生们会变得更加坚强、公平、积极向上。

让学生坐在原位

查克走过我身边，用削好的铅笔捅我一下，所以我就绊倒了他，最后我们两个打了起来。

对老师来说，制定一个系统让学生老老实实地坐在座位上很重要。

课堂上很多的麻烦和问题都出自一个原因，那就是老师允许学生们离开自己的座位，到处走动。

因此，你需要自始至终奉行这个原则，让学生待在原位，禁止他们到处走动。要公开地告诉学生这样做的重要性，让学生们更信服，更愿意遵照规定去做。你可以这样说："我们班有三十人，我们必须定下规则，按照规则办事，这样才能避免混乱。所以坐在自己的座位上，不要随处乱走非常重要！"然后找适当的机会，感谢大家的配合："我注意到，每当我要求大家在座位上坐好时，你们都做得很好。感谢大家的配合。你们这样做让班级秩序变得井井有条。非常棒！”通过这样的积极鼓励，能让学生知道你的期望，并普遍接受你的观点。

如果你的学科或者活动是需要学生起身上前互动的，比如美术、音乐、戏剧或者科技，那么你当然要允许学生起身活动。然而，即便如此，你也需要制定一套明确的规定，让学生们严格遵守。例如，可以这样规定，虽然允许他们活动，但仅限于课堂练习时，而且一旦发现他们嬉笑打闹，没有认真参加活动，则需立刻回到座位上。

进阶练习

要弄清学生想起身的原因，并先发制人。例如，

- 如果他们想上前削铅笔，你可以替他们做（或把铅笔刀递给他们，然后将铅笔刀收上来）。
- 如果他们想要上前拿作业本或书，你可以说："我给你拿过去，你继续认真学习。坐在原位就可以了。"

扭转乾坤的对话

过去，我常常会与那些“看不惯一切”的学生吵起来。但当我掌握了这个创意后，我能够很好地控制对话的走向，这样一来我们的对话通常都会变得愉快而又富有成效。

如何去主导并扭转消极的对话。

想象这样一个场景。一名学生看上去很不开心，于是老师走过去问他原因。该学生却说，他非常讨厌上学，讨厌这里的老师，讨厌自己的同学——他讨厌身边的一切。当然，这时候老师会说出上学的好处，令人高兴的地方。但学生听到这些后，变得更加讨厌上学了。在这一案例中，老师并没有占有主导地位，而学生却有足够的自由去畅所欲言，他自始至终地都在抱怨学校和老师，表达自己的不满。

面对这样的情况，你该怎么办呢？首先，你一定要在对话中占据主导地位，学会控制对话。不要一味地给出积极的

教学小贴士

有时，学生会感到很难回答你的问题。这时你最好多坚持一下，并说：“我知道你感到很厌烦，但我在帮助你分析事情的本因。如果你有什么好的建议来改善这一现状的话，或许我可以把你的想法反映到校长那里，和他一起讨论。”

评论，想当然地希望学生能够改变想法，而是要试着改变你说话的方式，多用这样的问句："那你希望学校变成什么样子呢？"和"对于你不喜欢的事物，你打算怎样做去改变它们？可以给我举些例子吗？"这里重要的一点是要认真听学生的建议，并试着肯定他的部分想法，再鼓励他，让他多说说好的一面。老师可以说："这想法真不错"或者"我喜欢这个想法"，这样能够建立共同点，而这对于缓解观点对立来说十分重要。

进阶练习

如果这样的问题在你的学校非常普遍，可以考虑建立一个学生委员会，共同探讨学生抱怨的问题，找出解决或改善的方法。

换种方式讲规矩

这招太管用了，我只要给一个合理的理由，学生们就乖乖地守规矩了！这个点子真棒！

当你想让学生们遵守规定时，给他们一个合理的理由即可。试着把抽象的规矩变成实实在在的想法。

直截了当地告诉学生什么事是“违反规定的”，听起来很冷酷、很抽象，但是很奏效。相反，你要做的是给出解释，给规矩配上故事。

例如，不要说“请不要扔铅笔，这样违反规定”。而要说，“我在报纸上看到一篇报道，说前几天有个男孩在教室里时，眼睛突然看不见了。原因就是另一个男孩朝他扔了一根铅笔。所以很显然，我现在希望大家都把铅笔放下。”

你也不必给所有的规矩都配上一个故事。比如这种情况，一名学生把书包放到了桌子上面，而按照规定，书包应该放在桌子下面的地板上，这时你可以

教学小贴士

提醒学生时用友善的语气，不要以命令的口气说话，这样才能取得更好的效果。这样能够减少冲突的发生，还能让学生们心甘情愿地遵守规矩。例如，不要说“你迟到了，下次注意”，试着说：“我知道你也不想迟到，因为这样你就会错过课堂伊始的介绍部分。下次，你打算怎样做，提醒自己按时上课？”

友好地说："爱丽丝，我刚刚看到你的包里好像有些吃的东西，如果你不把包放到地上，我会怀疑你上课吃东西，不守规矩。真是这样吗？"

通常情况下，你还会遇到这样一个问题，那就是学生打岔。这时你可以说："我很喜欢与大家讨论，真的很喜欢。但是，如果你们不按照规矩来，不能保证一次只让一个人讲话的话，我就听不清你们绝妙的思路了。好吧，现在，一个一个地发言！"

如果一名学生拿了另一名学生的东西，你可以说："你知道我要说什么。没人喜欢让人随便拿走自己的东西。这就是为什么这个规矩十分重要的原因。"

每当给学生讲规矩时，养成习惯，给他们一个理由。这样不仅可以减少对话中的矛盾冲突，还能营造一种合作、关切的氛围。不要再让规矩成为"破坏气氛"的元凶，让它们成为制造气氛的法宝吧。

进阶练习

试着将这个方法用到你教学的其他领域。例如，当学生问，"我们为什么要学这个？"举出实际生活中用到该技能的例子，让他们知道这个本领在校外是多么有用。"当你申请工作和写信时，这个技能就会用到了。"

谁都能成功

创意
37

在他的课堂上，我觉得自己不再是失败者。

如何重新定义成功的意义。

学生的不良行为通常是与能力不足挂钩的。你能够感觉到，他们失败时的沮丧情绪。而如今重视分数的教育体系更让学生的沮丧心情雪上加霜。

有一次我在家长会上遇到了一对父子。儿子的分数是“不及格”。但当他们离开时，那位父亲满脸笑容，紧握我的手感谢我，儿子的脸上也荡漾着感激的笑容。看到这一切，我的一位同事走过来问我：“你对他们都说什么了，他们这么高兴？”当然，我和他们说的都是实话，但我的侧重点是表扬儿子的交际能力，并说他的这个技能能让他受用终生。

要始终把成功和学生课堂以外的优点联系起来，例如努力、分析能力、提出有价值的问题、懂礼貌。每当你发现学生身上的闪光点时，要积极地表扬他们，这样可以建立他们的自信心，让他们自我感觉良好。

你可以这样表扬学生：

- 对人友善，处事周到。
- 能够站在他人的立场想事情。
- 穿着得体，整洁干净。
- 比上一堂课表现得好。
- 有钻研精神，不轻易放弃。
- 想法富有创意。

只要你这样坚持下去，学生们就会相信，分数并不是成功的唯一定义。

教学小贴士

要时刻提醒学生，每一个小进步加起来就是很大的改变。班级的消极情绪会逐渐转变成积极的，随着学生们自信心的增加，他们会释放出巨大的能量，没有做不到的事情。

对比很有说服力

他是一个公平的老师。他站在我这边。

通过对比来显示行为上的进步。

许多老师会让留堂的学生写检查，叙述事情发生的经过，并分析原因。这个不错的方法可以让学生重新思考自己的行为，表达出自己的想法。

然而，几乎所有的检查都会被老师扔掉，没有任何反馈，这就是问题所在。

其实，你可以把检查保留下来，几节课之后与这个同学简单地聊一聊，把他之前写的检查读给他听，这对于改善学生行为来说很有说服力。指出你看到他的进步后感到很欣慰。

以下是一些今昔对比凸显进步的例子：

• “上节课的时候，你总是大声喧哗。但我很高兴地看到，今天你表现不错，

教学小贴士

让你的学生知道，每当你留下他们时，基本上都是表扬他们，而不是批评。

还主动举手回答问题。如果你下节课能表现得再好点，那就更好了。”

- “我注意到，虽然你这次还是有点儿晚了，但跟上次相比，已经好多了。这样很不错，我相信如果你愿意，你一定可以准时到校。”

- “上节课，你只写了几行字。今天，你写的内容是上次的两倍了！我很期待你下节课的表现。”

进阶练习

有时间的话，可以简单记录下学生的进步，并与学生最开始的检查放到一起，效果更加明显。

振奋人心的榜样

我毕业已经有好几年了，但我至今仍记得老师当年告诉我们的榜样故事。

给学生讲讲那些榜样的故事，说说他们是如何克服逆境，取得成功的，这会对他们有很大的鼓舞作用。

表现不良的学生经常认为自己做什么都不行，他们的自尊心很弱，并总认为自己这辈子都会一事无成。他们会觉得整个世界都在与自己作对。我发现，对于这种学生，给他们讲讲那些在逆境中成长的楷模故事是十分有帮助的，能够鼓舞他们。

我在讲故事时会给学生展示图片，并使故事尽量简短、有感染力，提高故事的趣味性。首先，我会吸引学生的注意力，先给他们讲讲主人公所遇到的困难。然后，我再讲他是如何克服困难，取得成功的。

这些鼓舞人心的故事在报纸和杂志

教学小贴士

平时要注意多收集这样的故事。虽然在提炼故事精华的过程中会花些时间和精力，并且想要把它们以引人入胜的方式讲出来也十分不容易，但效果和回报是巨大的。

上随处可见，你随时都可以找到。以下是一些实例：

- 一位在大火中险些丧命的男子，如今在全世界演讲。

- 一位橄榄球运动员在一次事故中近乎瘫痪，但他仍然在坚持理想，现在是一名成功的橄榄球教练。

- 一位在学校没有取得学位的男士，进入社会后不断努力，如今成为拥有亿万财富的商人。

进阶练习

让你的学生想象一下自己几年后的样子，比如成功的运动员、商人、作家等他们以后想成为的样子。然后，让他们讲讲自己奋斗道路上的故事，说说自己是如何克服困难，取得成功的。这种方法可以让学生思考自己在人生道路上可能遇到的挑战，以及如何战胜挑战。

恰当的休息

我发现，让学生在课堂上短暂地休息是个很明智的主意，学生很喜欢，还能够给他们时间“充电”。

偶尔给学生们适当的休息，会取得意想不到的效果。

在课堂中间来一次短暂的休息，效果会非常不错，对于行为管理来说也很有帮助。但是这个方法不要经常使用，而且每次休息的时间不要太长。如果经常给学生时间上课休息的话，会让他们对此有所期待；如果休息的时间过长的话，又很难让学生再次集中注意力。当然，如果你时间充裕的话，可以把这个课堂休息放入你的教学计划当中。

如果你打算让学生休息，可以挑选学生表现良好的时候。对他们的良好表现或高效的工作给予表扬，然后给他们三分钟的休息时间，在此期间学生可以小声说话，你也可以借此时间准备接下来的上课内容。时间到时，要有明确的信号（如响铃）让学生知道要继续上课了。学生会很喜欢这样的休息。

在休息期间，学生们要遵守以下重点，以保证工作顺利进行：

1. 聊天的声音不宜过大，要控制在适当的音量内。

2. 当继续上课时，要保证注意力集中。

在休息期间播放音乐是个不错的方法，因为音乐可以制造放松的气氛，并且关掉音乐就表示开始继续上课了。

教学小贴士

在休息期间进行一些简单的小活动也是不错的选择。例如，竞猜卡片、视错觉或者事实书，把它们发给那些不喜欢课堂休息的同学，或者在休息期间不知道做些什么，又不想和同学聊天的学生。这样学生在做游戏时，就没有时间去聊天或者大声喧哗，噪声就得到了控制。

对行为进行记录并做标记

即使是表现不好的学生，也希望老师对他们的进步有所肯定，即使是很小的进步。

当学生们知道自己的一举一动都在老师的监控和记录之下，他们会倾向于表现得越来越好。

这个创意需要每堂课坚持做才能成功。在下课之前，给每位学生一个行为颜色。在分配颜色时，要态度积极、高兴。可分为四个等级，例如，

- 绿色——非常棒。
- 橘色——不错。
- 蓝色——满意。
- 黄色——仍有进步空间。

在下课前进行简单快速的总结（不要忘了在上课的时候也要适当提醒），可以这样说：

- “达林，你今天的表现真的是有进步，我很高兴，所以给你橘色！”
- “维尼，我对你稍微有些失望，

至于原因，你是知道的。所以，我只能给你黄色。”

可在墙上挂一张大表格，左边写上学生的名字。每堂课在上面涂上颜色，或者用记号笔做记号，这样每个人的行为表现，以及更重要的进步就能够一览无余。你会发现，学生们很想得到高分的颜色，并且会相互竞争。每堂课都要做记录，并定期让大家关注这个表格。告诉他们，表格会被复印下来，送到学科领导那里，并且在家长会的时候也会用到。当然，每隔半学期，学生的表现记录也可以邮寄到他们家里。

教学小贴士

你可以制作证书，来进一步升级这个创意。可在证书上写下任何你想说的话，来表扬学生的良好表现。这个方法非常管用，你可以这样写“苏菲曾在上课的时候和她的小伙伴说话，但现在她进步了很多，并且只在执行任务的时候说话”。除了行为表格外，颁发这样的内容具体、有针对性的进步证书十分有效，特别是对于那些从未得到过奖励和证书的学生来说，更加受用。

慢下来，控制好节奏

老师上课讲话太快了，在黑板上写下一大堆东西。我真的不知道他在说什么，我完全糊涂了。

必须在上课时控制好节奏。你节奏控制得好坏，会直接影响到学生的表现。

老师们普遍存在的一个问题就是上课的时候语速控制不好。面对30人的班级，你总是想做出快速的反应，解决学生的所有问题。但请记住，在解决问题方面，你在课堂上所花费的时间要远比你的能力更加重要。如果你讲话过快，只能是事倍功半，以下是可能导致的三种情况：

1. 学生们会精力不集中，会有不端的行为出现。

2. 因为讲话速度过快，你的教学质量会大打折扣。

3. 你最后会变得筋疲力尽。

为了改善你的节奏，可试试以下方法：

1. 养成习惯，偶尔问问你的学生自己是否语速太快。

2. 试着一次只做一个任务，有条不紊地进行。

3. 当你在帮助某个学生时，禁止有人打扰。

4. 在给出帮助时，学会去注重质量，而不是注重数量。

5. 最后，要让你的学生知道你帮助他们的方法，让他们知道耐心的重要性；同时要保证其他同学在等待帮助时有事可做。

这样一来，你不至于变得筋疲力尽，并且学生们也会学到更多。要知道，学习永远应当建立在一套系统的、精心策划的体系之上，而不是风风火火地急于解答大家于一片混乱中争相提出的问题。

教学小贴士

要经常说出你的方法，让学生知道现在的进展。提醒大家要有耐心，这样你才能保证为每位同学服务的质量。同时，速度降下来后，你也会思考得更清晰，更不容易犯错，也会有精力去管理整个班级。

管好淘气王

创意 43

很奇怪，三四个学生就能够搅乱整个班级。

如何管理好班级里的淘气孩子王，是个非常重要的问题。

每当淘气的孩子王们被隔离时，你都要仔细想想如何管理好他们。要谨记如下几点：

- 要确保你有上级领导的支持，不论是在学生的监管方面，还是快速反应方面。
- 如果这群孩子王的表现比较恶劣，可以在每堂课的时候叫回来一个。

通常情况下，调皮捣蛋的学生经常会打乱课堂秩序，而且普通的行为管理方法对他们来说并不适用。一旦你让他们重新加入到班级，他们的行为将很快再次退化到刚开始的时候。因此，监管这些孩子王就显得十分重要。要让他们

教学小贴士

在让淘气王学生归队后，凡是发现他有进步的地方，都要给予表扬和肯定。你的目的是让他继续保持下去，越做越好，这样可以避免发生不必要的冲突。

知道，在“观察期”，要观察他们一段时间后才能决定是否让他们回到班级去。一旦让他们回归班级，要默默地监督他们，也要经常与他们进行简短的一对一谈话。当然，要以积极的态度，多多肯定他们表现好的地方。

进阶练习

如果你在这方面遇到的问题依然比较严重，你可以与你的同事共同探讨解决方案。

实用的计划

我为什么要花这么多时间去计划详尽的授课内容，为什么没有考虑到我课堂上实实在在发生的事情？

当给一个有挑战性的班级做教学计划时，要优先考虑行为管理因素。

通常情况下，老师在做教学计划时都会从教学大纲入手，然后将其分解为几堂课的教学计划。在做计划时，行为管理等因素却没有被考虑到，因为当出现问题时，老师们通常都会很好地处理。

但当你的班级存在不良行为时，你就真的需要把管理行为纳入计划当中了。最好的着手点就是，考虑一下学生面对这些活动时，会做出怎样的反应。例如，

- 什么活动对他们来说管用？
- 在上课开始时哪种活动进行得最顺利？
- 哪类活动最容易造成麻烦？
- 如何安排活动，才能让其顺利

进行？

- 如果出现差错，怎样做才能扭转局面？

将教学计划中的内容设想一下："给学生图片，让他们配对连线。"学生们会拿这些卡片怎么办？如果学生随意走动的话，是否会造成班级混乱？有没有一种更好的方法来完成该任务，又避免不良举止的发生，比如，用一个内容丰富的活页练习代替使用卡片？

只要改变做教学计划的方式，你的课堂教学会进步得很快，更容易变得成功。在给出背景介绍及设计活动时，要富有创意。

教学小贴士

想想有哪些活动是学生们能成功完成的，或者是他们喜欢做的，把这样的活动用到今后的课堂当中。当你在做教学计划时养成这样思考的习惯，你的工作方式也随之得到了良好的改善。

远见卓识

如果你不知道自己的目的地，你又怎么会知道何时到达？

明确目标有助于你去实现它。

清晰准确地告诉你的学生，学习完这堂课后，他们将要完成怎样的任务，达到怎样的程度。例如，告诉学生：“学习完了这堂课，大家要围成一个圆圈坐下，每组四人。大家假装在吃美国食物，并用英语交谈。其中的一名学生当服务员，并用本子记下客人所点的菜，另一名学生当厨师。我将扮演餐厅经理，并会四处走动，用英语询问客人对菜品的意见。大家明白了吗？这会很有意思。”

在给大家讲解时，要充满激情，也可以四处走动。当给学生讲完大概内容后，可以询问他们的意见。例如，可以问：“你认为我们应该怎样做，才能保证每次只有一个人在说话？”学生会给出建议，提出有关行为管理的基本要求。

与学生们分享本课的“远见卓识”，告诉他们你想让他们完成的任务的具体内容，以及如何完成，这样做不仅能够让学生学会课本上的抽象内容，还能够让他们知道良好行为的重要性。当学生与你一起讨论后，他们在完成任务时会更加努力，因为你也会加入到他们当中去，而不是与他们对立。

教学小贴士

为了让该创意进一步升华，你可以参考其他成功的课堂教学，在上课前就向学生说明你想达到的效果，并让学生知道在全班的共同努力下，你将如何完成它。

即时报告

创意
46

一张纸居然有这么大的权利，真是不可思议！

如何使用官方报告让学生最大程度地听讲。

当你的班级有麻烦，并且你常用的警告和管理办法都无济于事时，试一试即时报告吧。你的报告最上方需要有官方的粗体字抬头，“寄校长的一份严重事件报告”。

在学生学习的时候，你最好在教室里四处走走。这样你可以有机会与那些调皮捣蛋的学生进行小声的一对一对话。你可以对不听话的学生这样说：“马力，恐怕我们这里有麻烦了。你还记得你对梅根大吼大叫吗？当时我让你停下来，别这么做，可你完全不听我的话。校长坚决要求把此类严重事件报告给他，我们要在这节课下课后就向他作报告。”把报告单给学生看一下，将他的名字写在上面，然后说："我需要在这上面写下你这样做的原因。你可以告诉我当时你不听话的原因吗？"

然后，拿起笔做出要记录的样子，将报告作为与学生谈判的筹码："你看这样吧，如果你能够在下课之前都表现良好，我就帮你向校长求求情，看看可不可以不处理你这份报告。"（不要说你将把报告扔掉。因为你必须强调它的重要性。）

一般情况下，用报告来吓唬学生就足以解决问题了，因为学生通常不知道自己哪里做得过分了。而报告正好可以让学生清晰地知道自己哪里做错了，同时老师还可以省时省力。

教学小贴士

该方法可以让你和学生"打成一片"，帮助他们解决问题。要让学生知道，你是与他们一条战线的，并与他们一起想办法管理好他们的行为，这样就可以不用给校长写报告了。

创意
47

迂回战术

他是个好老师。我不知道为什么，但上他的课我就是不会溜号，我总是认真听讲。

借助迂回谈话的力量来管理恶劣行为。

面对难以管教的学生，精心地策划和该学生的谈话是尤为重要的。

那些经常犯错的学生基本上已经免疫，在你的警告和威胁下面不改色。与这类学生相处的关键是，建立一个长期、稳定、相互信任的关系。

迂回策略性谈话（SDC）是一个立竿见影的方法。即从与学生谈论和行为问题无关的话题开始入手。这样可以让你先发制人，避免事情恶化。例如，“亨利，你的体育老师告诉我，你那天踢进了关键的一球。跟我讲讲怎么回事儿！”

在你与学生建立起了融洽的关系后，再把话题转向你想讨论的行为问题。这样行为问题就会被不经意地引出来，而且还不是你们谈话的中心内容。另一个例子是："查克，我发现你好像感到很无聊。因为我看到你开始扔纸飞机玩儿了，这可是打发时间的做法。我跟你承诺，承诺会尽全力让课堂内容变得更有意思，你可不可以也尽力听听课？可不可以别再扔纸飞机玩儿了？"然后，对学生微笑，露出期待和肯定的神色（像是在空中和学生握手）。更重要的是，说完可以走开，继续讲课。

教学小贴士

在迂回谈话中，重要的是要先从那些令人愉快的内容聊起，然后再过渡到你想说的内容。但如果你的学生对此没有任何反应，不愿意和你"聊天"，那么你可以给他们讲讲有趣的故事。跟他们说话时要满怀热情，就当学生在很感兴趣地听一样。这个过程非常重要，因为它能让谈话内容偏离问题中心，所以当你再次转回该话题时，问题就已经降温，并且更容易解决。

创意 48

举手规则

和所有训练一样，当所有人都对某规则烂熟于心的时候，大家会自然而然地遵守。你需要不断地提醒学生举手的规则，否则课堂就会乱套。一直以来，白于我不断地强调这个规则，我的课堂因此改善了许多。

教学的成功离不开有序运转的系统。传统的“举手”规则仍然是最实用的，但仍需要精心管理。

教学小贴士

让学生们知道，你绝对不会让打破举手规矩的学生发言。如果有人举手时喊了出来，你要一遍遍地告诉他：“现在，我不想让你发言，因为你打破了我们重要的规矩，这对其他人来说不公平。”

进阶练习

要让全校老师都认同举手规则，在这上面花些时间和精力是值得的。当其他老师不落实该规则时，孤军奋战的你怎么可能取得胜利呢？这一基本规则必须在全校范围内得到认同和强调实施，否则你就是在打一场注定失败的战争。

坚持要求学生在提问或者发言时举手。

一个常见的问题就是，学生常常在举手时，未经老师同意，就开始说话了。所以，要明确地告诉学生们，什么时候要认真听讲，不要举手。如果有人无视你的话，仍然把手举起来，你就要停下来提醒他遵守规矩。你会发现，如果你一如既往地贯彻这一规则，学生们也会习惯性地去遵守它。

要养成习惯，鼓励那些遵守规则的学生，批评那些不遵守规则的学生，久而久之，全班都会按照你规定的去做。

用表扬代替批评

我的老师非常和蔼。你会做他说的任何事情，因为他不会对你生气。

你只要借助表扬的力量，而不是对学生严苛批评，他们就会表现得非常好。

通常情况下，一旦学生不配合老师，或者不遵从指令，老师就会马上切换到“批评模式”。然而，我发现，用表扬的语言去鼓励学生按照你的期望去做，其效果要好得多。

那些赞扬的语言能够让学生更愿意听从你的指令，专心学习，还能让班级的气氛保持积极活跃。

用表扬取代批评的方法如下：

- “迈克，我真没想到在我讲课的时候，打断课堂的人居然是你。你平时都会认真听讲的。（短暂停顿）相信你能做得更好。”
- “约翰，你基本上没什么进展，对

教学小贴士

偶尔也需要用到严厉的批评。要知道，你平时一直都是和颜悦色，以鼓励学生为主，一旦变得严厉斥责，这种过大的反差反而会让效果加倍，因为学生们对这样的你还不习惯。一个平时就总是对学生吼叫的老师即使在批评学生时，也会被无视，因为学生们天天听他这样，已经见怪不怪了。

此我感到很吃惊。平时的你一旦理解透彻后，都会做得很好的。你需要我给你再解释一遍吗？”

- “娜美，怎么回事？你今天居然迟到了这么久，通常情况下你都会给我个合理的解释。你先回座位上坐下，好好听课。等到下课的时候，我们简单聊两句，看看到底是什么原因。”

- “戴维，那个新手机一定是你的生日礼物吧。但是，你知道我要说什么。现在，把它收好，我会装作没有看到它。然后，好好听课！”

占用时间的学生

我曾在班级里来回穿梭，回答那些总爱提问的学生提出的各种问题。有了这张表单，我发现，我不仅能够更好地管理他们的需求，还能管控大局。

如何让那些总提问的孩子手头有事可做，让你能够掌控全班。

班级上总是有那么一小部分学生，他们占用了老师的大部分时间。而老师们为了解答他们那些急迫的问题，不得不忽略了班级大部分同学。你如何处理这一老生常谈的问题呢？

首先，要向全班同学说明，你要下来挨个儿看看每个人的作业。只有这样才公平。发给每人一张问题单，上面标有：“等待的时候请思考”。目的是让那些想提问的学生在等待的时候有事可做，这样你就有时间去照顾其他学生。

问题单内容的选择尤为重要。以下几种可供选择：

- 在单子上留出固定地方，让学生

教学小贴士

千万要记住，不要问学生他们是否愿意做这个问题单，而是要直接把它放到学生面前，并用劝导的态度让他们完成问题单。要让你的声音和语调保持高兴、欢快，这样学生们更愿意去配合。

进阶练习

有一种方法能够对此创意起到辅助作用，那就是把学生的名字列在黑板上，让他们知道你已经注意到了他们的问题。然后，你可以这样说："爱丽丝，我一会儿就去解决你的问题。但你看，你在我的名单上面的顺序是五号！"这样学生就会知道，老师已经注意到自己，会马上过来帮助自己的。同时，这也让学生学会了耐心。

写下他想问的问题。

- 一个单词游戏，可以是填字谜或者数独。
- 一幅简单的图片，旁边有个方框。要求是："你能把图片画到方框当中吗？"
- 一系列的常识性问题。
- 一个私人问题："你去年做过的哪些事是你非常满意的？"
- 几道简单的加法题。

行为管理俱乐部

自从我加入了这个俱乐部，我才意识到自己根本没有什么问题。我们都面临着同样的行为管理挑战。

建议成立一个行为管理俱乐部，定期与其他老师一起讨论，互相出谋划策。

可以成立一个俱乐部，每周聚一次，全校所有老师共同探讨如何改进行为管理。

- 要经常讨论遇到的行为问题，相互交换办法和意见。
- 让讨论的气氛友善、活跃，彼此相互支持。
- 让过程变得简单直接：不要用会议纪要、文书、表格或者数据。

久而久之，你会发现，相互交流可以让你感到不再是孤军奋战，因为不只是你遇到了这些问题。研究行为管理，将它作为你的正事之一，定期地与同事们分享你的经验，这些反过来也会给你

教学小贴士

将每次的聚会时间定为半小时，这样就不至于占用过多的宝贵时间。要定期举办聚会讨论，最好是一周一次。如果不能经常聚会，俱乐部就会失去其作用。

进阶练习

可以用角色扮演的方式让聚会更加有趣，将问题呈现出来，共同开发并尝试不同的解决方案。

处理行为问题带来些许启发。

这也会给你的生活带来一种健康的平衡，让你告别过去在办公室的烦躁不安，要知道后者往往会让问题更糟。通过这种方式，你可以把精力用于与同事研究方法，而不是放大问题。更重要的是，这种方法还将你的办公室变成了一个互帮互助的地方，大家都会积极地给你提出中肯的建议。

坚持不懈

我曾想让每个人都高兴，但一节课下来，我发现最初的教学计划居然没有完成。

永远都要紧扣你的讲课内容，不要跑题。

面对那些想让你分心，无法专注于教学计划的恶劣行为，我认为最管用的方法就是坚持不懈和弹性机制。

优秀的老师都知道自己需要根据课堂的实际情况来调整自己的教学计划。给学生提供选择是个不错的方法，让他们来决定在课堂上想做什么，以及如何做。但在这过程中要小心，因为有时候可能令课堂过于灵活。如果你让非常有主见的学生每次都说出自己的想法的话，他们会占据整个课堂时间。所以，如果一个老师留给学生太多的时间，那么对他来说，下一次就很难掌握主动权了。

如何平衡好两者的关系呢？秘密就

教学小贴士

准备一张“王牌”作为你与学生谈判的筹码。例如，这堂课你有三部分内容要讲，分别是：A、B和C。你可以牺牲A部分，只要B和C能完成就可以。你可以在你的工作单上尝试这种方法，在重要的活动下面写下：“重要——必须在课上完成”，以及可选择的活动，上面写着“备选”。

在于要给学生一定的自由空间，同时还要紧扣你的讲课内容，专注于你想让他们学会并掌握的东西。若你们在学习重要内容时，有学生这样说：“我们能不能先不学这个？太无聊了！”你一定要用肯定并坚决的语气回答他，让他知道学这部分内容是很有必要的，并劝导学生学习。久而久之，学生会养成习惯，知道你上课一定会按照计划走，每次都如此。

有时候老师很容易因为课堂秩序和学生的情绪去调整自己的计划，但你一定要记住，在这个课堂上，是你说了算，最终应是由你来决定讲课的内容和方式。

邀请学者来做讲座

请学者来做讲座会带来非常丰富的资源，自从我发现这点后，我就对这个创意感到越来越兴奋。这个办法既简单又好用！

邀请不同的学者来班上做讲座可以给课堂增添多样性、趣味性和动力。

面对一个难于管理的班级，老师们会自然而然地认为邀请学者来讲课简直是太冒险了。然而，这一方法恰恰是辅助管理班级的一剂灵丹妙药。你可以邀请：

- 诗人。
- 冒险家。
- 教授来讲讲自己研究的领域。
- 退休工人讲讲自己的一生。
- 某一领域的专家。

来访者的出现着实会增添课堂的乐趣。学生们通常都会喜欢见到新人，这对他们来说算是一种惊喜。而你则可以发挥创造性，邀请那些与你所讲内容相关的学者过来开讲座。

教学小贴士

当你做全年计划时，就可以提前预约这些学者。这不仅可以给他们足够的准备时间，也能让你合理地安排课程内容。

锦囊妙计 ★

你可以从学校的员工入手，了解他们后，你会发现他们每个人身上都有可以分享的故事。或许你的助教对时尚领域抱有热忱；管理员可能刚刚从澳大利亚回来；那个校园交通安全员喜欢制作乐器。当你了解到他们的经历和爱好，为何不邀请他们来你的课堂上做讲座呢?

通常来说，人们都很愿意接受邀请，并会花大量时间，精心准备所讲内容。他们只是想过来体验一下，不求其他回报。同时，你也可以通过这种方法建立你的关系网。

避免打架

作为一名新老师，我觉得一切进展得还算顺利。直到有一天，班级上出现了恶劣的打架事件。这件事带来的震惊和一系列的麻烦真的让我想卷铺盖走人！

为了防止学生之间有打架的事件发生，你需要时刻保持警觉，这样才不至于让事件恶化到无法控制的程度。

许多老师都有学生在课堂上打架的经历。对这样的情况进行分析，我们发现，通常情况下，如果老师早些介入进行调和，就完全可以避免打架事件的发生。

一旦你的班级有学生打架，对你来说就是一场灾难。因此，你需要发明一种“噪声”，专门针对有苗头要打架的学生，并且你还要时刻留心他们的一举一动。采用一种简单直接的方式。例如，当你要求他们别再直呼对方姓名，他们却根本不听你话时，你可以要求其中一个学生离开教室，并请人来帮忙。

通过不断练习，你就可以分清哪些

教学小贴士

在打架事件发生之前，一切看起来都很正常，因为你并没有注意并控制学生的行为。因此，在上课之前，你要非常地机警，采用严肃的肢体语言和声音：让他们知道，不论之前发生了什么事情，都不能打断你的教学计划。

创意
54

进阶练习

虚心向其他老师请教防止学生打架的方法，并做好笔记。

举动是在闹着玩，而哪些言语和行为，如果不加监管，很容易发展成打架事件。虽然这种事情不常发生，但一旦发生，就需要你尽早地强行干涉。

走出糟糕的一课

我曾有一次可怕的上课经历，等到下节课上课时，我看着全班，期望事情能就这么过去。但事与愿违，事情变得更糟了！

如果一堂课变得非常糟糕，那么你必须果断地采取一系列措施，在下次与学生见面时让一切回归正轨。

有时，一堂课会上得很糟糕，老师会觉得自己完全掌控不了这个班级，也会自然而然地没有勇气再见到同学们。然而，你必须以一种系统而又符合逻辑的方法来处理这个问题。装作什么也没发生只能让事情变得更糟。在这种情况下，你一定要向他人寻求帮助。和领导或者其他高级老师交流你的想法，分析事情始末。

要在下一堂课的时候采取强硬的措施：

- 在资深老师的陪同下，一起开始下一堂课。

教学小贴士

要确保“新的”一课内容明确、清楚。这能够帮助你重新掌控课堂。

锦囊妙计 ★

在上第二次课之前，试试用以下方法让自己变得开心。用五到十分钟的时间练习微笑，用高兴的语气说话，再配上高兴的动作。然后奇迹就会发生：你真的会变得高兴！这招真的很管用。

- 有必要的话，让挑事儿的孩子王离开教室。
- 告诉全班你知道上节课进行得不太顺利，许多学生无视你的指令，你希望今天大家能够好好表现。此外，你还要让他们知道，上节课过后，你已经采取了惩罚措施，例如，让挑事者离开教室，留校信函已经发到了家里，并且需要留校。
- 安排资深老师在下课前回来聆听汇报总结。

成人之美

当你开始注意到学生想要得到什么，并对其给予帮助，就能够有效改善师生关系。

帮助你的学生完成他们的雄心壮志，给予他们帮助，同时鼓励他们积极地配合你。

众所周知，与难以管教的学生处好关系是成功的关键。但具体应该如何去做呢?

在与学生聊天时，要找到他们真正的梦想。然而，许多学生会说，他们对任何事物都不感兴趣。在这个过程中要有耐心，要知道循循善诱的聊天才能发掘学生内心的想法。学生不愿意告诉你的主要原因就是，他们不认为自己有能力取得成功。而作为一名老师，最大的职责莫过于帮助学生实现他们的梦想。

准备一个笔记本，命名为“学生的梦想”。每个学生一页，写上他们为了达

教学小贴士

在每页纸上写下学生的名字和理想，看起来就像他们已经完成了那样。这么做效果会更好。例如，不要只在标题上写“乔治·亨森”，而是要写上“乔治·亨森：民事律师”。

锦囊妙计 ★

写的内容不可以是模糊不清的，也不可以是泛泛的要求，要试着把内容变得更加具体，从需要参加的活动，到需要阅读的图书。这样学生们就可以直接着手去做，并感觉到自己就在通往成功的道路上。

成梦想所需要学到的知识，或者需要做的事情。同时，还要写上他们可能遇到的困难，以及如何克服这些困难。

与学生一同填写笔记本上的内容。以我的经验来看，这招很管用，你只要邀请他们这样做，他们就会答应。你可以简单地说：“我想更好地了解你，想知道你的梦想是什么,你需要我的帮助吗?我可以帮助你吗？”

低分效应

我在模拟测验中得了“G”。我说过我很没用。大家得到的不是“B”就是“C”。我为什么还要学习？

当不爱学习、总是调皮捣蛋的学生考试没考好时，他会变得更加沮丧。这对于老师来说是一个大难题。其实，只要精心地策划，掌控全局，你是可以改变他们的态度的。

对于能力欠佳的学生来说，在测验和模拟测试中分数不高是家常便饭。这些自信心本来就不足的学生会认为，自己取得的低分就是一事无成的证明。他们会觉得没有必要继续学习，对学习更加不感兴趣，于是破罐子破摔，行为变得更加恶劣，从而更加不好管教。

面对这样的情况，老师该如何是好？一个不错的方法就是使用“再构造”的技巧，让学生的态度从消极变为积极。

- 向学生解释，即便现在分数不高，但从好的方面来看，他现在还有足够的时间去努力，还是有很大的进步空间的。

教学小贴士

为低分学生量身定做一系列的测试和评估，让他们能够胜任。一旦完成，要给予表扬，包括出勤、学习态度、乐于助人、解决问题和创新等方面。这个方法可以帮助他们在完成其他事情的同时建立自信心。

进阶练习

将过去在学校成绩不佳，但在工作中取得成功的学生事迹整理成册。在征得同意的前提下，将他们作为榜样来激励现在的学生们。长久下来，每当学生情绪低落时，你都可以提到这本书，然后说："行啦，别这么垂头丧气的！你记不记得肯恩同学？他当年在科学课上得了'G'，现在可是某公司的经理！在座的各位，有一天我会把谁的名字写入到这本书中呢？"你还可以将该方法进一步深化，与过去的学生保持联系，请他们回来做讲座，讲讲他们过去的经历。这样能让现在的学生知道，自己今后的生活也完全可能是这个样子。同时，还能给予低分学生极大的鼓舞。

- 提醒他们，找工作时，雇主还是想看到考试分数，而不是空白一片。
- 鼓励他们说，如果他们愿意，那么从现在开始，积极地学习会是一个不错的开始。如果够努力，你的分数只会升不会降。

你所要表达的中心思想就是，分数不代表一切，它们只是让今后的雇主对你在学校的表现有一个参考，从中他们能够看出你在学校的表现，以及你今后的进步程度。

和学生们讲讲以前学长们的励志故事，说说他们是如何从刚开始的低分开始努力，最后取得成功的。用这种积极的实例去鼓励学生，确实会提高学生们学习的劲头。

学生间的纠纷

他从不无视我们的问题。他在试着帮助我们。

学生之间的持续争吵需要你的直接干预。

学生间的争吵对你的课堂来说无疑是一场灾难，更别提继续上课了。你可以采取许多简单的行动，例如，让他们站到班级的两端，将他们隔离，以及让他们写一系列的报告。但如果矛盾持续升级，你需要做如下两件事情：

- 给两个学生安排一次会议。
- 倾听他们各自的心声。

有些时候，他们之间的矛盾根深蒂固，而且他们还不会去换位思考。这时，你要告诉他们，人的一生总会碰到合不来的人，但我们有时又不得不做自己不喜欢的事情，这样才能让事情顺利进行。建议学生多找找两个人的共同点，这样就能够

进阶练习

我试过另一个方法，就是让学生详细写下他们的感受和原因。然后，询问他们解决事情的建议。重要的是让两个学生面对面地开个会，再邀请另一个人参加（这是很有必要的）。双方的想法由老师念出来，然后共同讨论“如何解决这个问题”。令人惊奇的是，他们真的会提出中肯的建议。没有他们的参与，你是不可能对事情进行全面分析的。你的任务就是监督问题在实际中的改善程度。

有共同的立场。鼓励他们时刻保持镇静、放松和愉快；别把小事放在心上。

然后，给他们设定一个挑战。“如果你们两个能在下堂课的时候摒弃前嫌、相互合作的话，我会替你们高兴，因为我知道做到这点有多么地困难。我并不是非要你们马上就成为要好的朋友。我想让你们做到的是，和平地与对方共处。你们觉得可以为我做到这点吗？”

通过对他们的问题表示关心和理解，并给他们设定挑战，在下节课的时候，你会发现他们进步不少。

折中的艺术

她并没有否定我，她是个公平的老师。

该方法能让学生之间相互合作，因为他们看到你在执行规则的时候非常公平。

如果你认为自己是个严厉的老师——抓住事不放，死板又教条——那么，我要告诉你，你这样就是费力不讨好，不会赢得学生的爱戴，他们在你的课堂上也不会好好表现。

相反，如果你总想扮演“好好先生”的角色，什么事情都睁一只眼，闭一只眼，不能够严格按照规则办事，那么你会发现，你的权威在逐渐消失，学生在你的课堂上可以为所欲为。

所有的老师都需要在这二者之间找到适当的平衡。让我们看看这样一个例子。蕾切尔一边吃着三明治，一边走进教室。严厉的老师会让她立刻扔掉三明治。毕竟，

教学小贴士

对于这种情况，重要的是向学生解释清楚，为何不可以打破规则。然后，对他们的情况表示理解，给出一个折中的解决办法，最后指出你期待下次看到他们的进步。

规定就是这样要求的，不是吗？而“心地善良”的老师会让她坐在座位上吃完。类似这种情况，你需要找到折中的办法。你可以这样对学生说：“蕾切尔，你知道在教室里吃东西是违反规定的。如果我这次让你吃了，那么其他同学也想这么做，这样一来我们的教室就成食堂了。好吧，你今天早上没吃早餐。那这样，你可以站在门外，吃一半，把另一半包好，放在包里，然后再进教室上课。但蕾切尔，下次可不要这么做了。谢谢。”说话的时候要保持微笑，语气愉快。这样既解决了问题，又避免了矛盾的发生。

课堂的尾声

我讨厌每堂课下课之前这段时间。学生们会变得不耐烦，开始收拾书包，离开座立，甚至在我没有讲完的时候离开教室。我该怎么办?

结束一堂课最好的办法就是将注意力移到下堂课上。

在快下课的时候，趁学生开始收拾书包之前，向他们展示以下内容：

- 下节课，我们会学到……
- 这是我需要大家准备的内容……

要确保内容简短、清晰、明确。请同学站起来回答，他们将如何准备你布置的任务。这样做有如下好处：

- 在下课前能让学生们有事可做。
- 能抓住学生注意力，直到你让他们下课。
- 这还可以体现出你的管理能力，展示出教学的确切方向和目的。
- 同样还可以让下节课从一开始就更加顺利地进行。

教学小贴士

为这部分设定一个明确的信号。借助图片来展示下节课的内容，这样有助于抓住学生的注意力。将这种方法养成习惯，让学生每堂课下课前都期待有关下节课内容的精彩展示。

进阶练习

为了获得更好的效果，你可以将该方法与小测验相结合。在你向学生介绍完下节课的内容后，提出一连串的相关问题。也可以展示相关图片，然后将图片撤掉，提出相关问题。这种方法对吸引注意力来说很管用。

稍等片刻

我试着喊叫，让大家静下来，但他们当时过于活跃，而我的喊声让事情变得更糟了。

如果学生们正处于异常兴奋的状态，你需要给他们一点时间和空间来安静下来。

假设在你上课之前，正好进行了消防演习，或者有人打架等等类似事情让学生们兴奋不已。你已经给了一些时间让大家平静下来，但你发现，仍然有许多同学无法保持安静。老师们会对此种情况感到不安，通常会采取强硬的方式去镇压。但问题是，你的气愤会雪上加霜，让事情变得更糟。

真正的诀窍不是生气，恰恰相反，你要保持镇定，站在那里，什么也不用说。在班级显眼的地方肃静、庄严地站着，面部表情要严肃、镇定，监督注视着下面的一切不当行为。要耐心地等待。不要说话，也不需要做任何事。学生们会意识到，自

教学小贴士

如果在足够长的时间里，学生们还是没有安静下来，那么你就需要寻求帮助。千万不要不管不顾地开始上课；要知道，一堂课要是没有好的开始，是不会顺利进行下去的。

己做得过分了。而在你的安静和镇定当中就有一种无形的力量。

学生的噪声在这段等待的时间里会逐渐地减弱。学生们并不知道你接下来要做什么。随着时间一分一秒地过去，噪声会越来越小。直到全班都不说话后，你再以平和、镇定、庄严的语气说："我足足等了十分钟（按实际时间算），你们才静下来。今天，我花了许多时间来精心准备这堂课。我发现你们对刚刚的事情还意犹未尽，是时候停下来了。我们现在来干点儿正事儿。"然后，开始讲课。

进阶练习

如果你事先知道学生们会高度兴奋，安静不下来（例如，课后会开晨会，或者午休），那你就要在他们进入教室前拦住他们，让全班在门口排成两列，每人发一张小测验，让大家开始集中精力。

情绪控制按钮

我很后悔自己那样说学生，但我当时真的很生气，而且每个老师都是有自己的底线的。

给自己装一个“情绪控制按钮”，让自己在情绪失控之前按下它。

想象这样一个场景。你问一名学生为何他不写作业，成天心不在焉，而他当着你的面，把作业撕成了碎片，扔到了地上，还过分地说：“你就是个没用的老师，留的作业既愚蠢又无聊！”而对你来说，你可是昨晚熬夜才准备出来的作业内容。看到这样叛逆的学生，你一下子失去了所有的耐心，并回击道：“如果你这样对待作业的话，你才是个没用的学生！你怎么敢这么做！”学生听到后猛然推开椅子，磕伤了你的腿，跑出了教室，走之前还留下一句话：“你居然说我没用，我要把我爸爸叫来！”

紧张的气氛很容易一下子变得更加

紧张，特别是在难于管教的学生面前。即便你的反应是出于常理的，但他们还是会让事情进一步恶化，火上浇油。因此，一旦气氛变得紧张，就要马上按下你脑海中的“情绪控制按钮”。你可以想象一下它的样子。也许是黄色的，当你按下它时，会发出柔和的音乐，而你会自然而然地让一切慢下来，给自己留出重要的时间去思考你的回应。

当你熟练使用该技能后，你会发现，事实上先发制人的举动会触发情绪控制按钮。这可以给你腾出来宝贵的思考时间去控制自己。不会让你有过激的行为反应，或许还能让你保住工作。

教学小贴士

在你按下“按钮”时，也可以向后退几步，这能够帮助你更快地冷静下来，让你想想该如何做。有时，在气头上的学生会说些话来刺激你，例如，“你不打算做点儿什么？就打算站在那儿？”这听起来充满了挑衅意味，但你必须更加镇定。可以这样回答：“我在等你冷静下来。”注意你的手势，并让声音听起来平静、坚定。

问题的根本

我喜欢我的老师，因为他能发现问题。他真的关心我们。

许多行为问题是反复出现的，有时你需要抓住问题的根本原因。

令人惊奇的是，有大量干扰课堂的事件是反复出现的。老师们往往忙碌于眼前的事情就已经焦头烂额，无暇退后一步，分析问题的根本原因。

拿出一部分时间，跳出问题，仔细分析其背后的原因才是明智的选择。以下是常见的例子：

- 上课迟到。这是惯性吗？或许这种现象总是出现在下午的课堂上，因为学生需要中午回家吃饭。
- 在课间休息后，还是有许多学生会打断课堂，因为他们在课间一直在踢足球，没有喝水，口干舌燥地来上课，感到很不舒服。

- 有没有一名学生表现很异常？因为他课间的时候被别人欺负，哪儿都去不了。

重要的是要能够准确、清晰地辨别出“异常”情况。与其他老师交流，看看是否有类似的情况出现过。

然后，找到那个学生，并对他这样说：“艾丽，我注意到课间休息过后，你好像什么都不想做，一脸忧心忡忡的样子。你平时可是个好学生。老师能做些什么来帮助你吗？”说话的语气不要有敌意，要让对方知道你想提供帮助。

教学小贴士

切记要让“学校”担当提供帮助的角色，因为学生或许想和其他老师说心里话。在此过程中，要有耐心，给学生足够的思考时间，可以让他们过一会儿再来找你。如果他们没有找你倾诉，不要忘了在之后的课堂上再问一次。

看不见的不良行为

他基本上不做我留的任何作业，但大部分情况下，他都不吵不闹，我真的没有时间去开导他完成任务。

有些学生每堂课基本上什么都不做，这个小创意就是针对这种情况而设计的。

一些学生看起来没有不良的行为。相反，他们通常很友善，懂礼貌，会合作，他们从不生气或顶嘴。然而，他们在你的课堂上什么也不做。

面对难以管教的班级，你必须先将这类学生管理好。否则，会出现如下三种情况：

- 这些学生会养成习惯，上课什么也不做。长此以往，他们会变得越来越难管。
- 这还会给其他学生以不错的借口。他们会说："他都没有做，为什么我要做？"
- 上课专心学习的人数越少，课堂

就越容易被打断。

一旦你发现了这样的学生，可采取以下办法：

- 让他们知道你在监督他们的学习。
- 给他们制定小目标，让他们逐步攻破。
- 不断地提醒他们学习的目的和原因——是帮助他们自己。
- 要一直对他们的进步给予表扬和鼓励。

你会发现，学生们最终会做得越来越好，课堂被打断的概率也越来越小。

教学小贴士

试着进行小组合作学习，把勤奋的学生与懒惰的学生分到一组，并让他们互相帮助，互相鼓励。只要稍加安排，这个方法会非常奏效。在这个过程中要多多关注某些学生，例如，你可以这样说：“艾莱纳，我觉得你做得很棒。可不可以帮助并鼓励艾丽和你一起做，因为她觉得这项任务有些难。你愿意替老师来帮助她吗？”

创意
65

制止大声喧哗

我曾试过停下来，等学生安静。但我发现，我不得不等很长一段时间才能开始继续讲课，而课堂也变得乏味不堪，很难再让学生继续保持状态。

该方法能够有效制止学生大声喧哗。

学生上课站起来说话是一个常见的打断课堂的现象，也是老师们一直以来头疼的问题。

如果这时你停下讲课，严厉地批评学生，就会破坏原来良好的学习气氛，学生的学习劲头也一扫而空，随之而来的是更多的大声喧哗。处理这种情况最好的方法就是以一种更加轻快的速度讲课，以此来回应大声喧哗的同学，不要让自己讲课的节奏停下来，不要表现出生气的样子。

尽量不要让其他同学也加入大声喧哗的行列，你可以这样说：“同学们，不好意思，稍等一下。”然后，向全班做一个手势（表示你一会儿就会回来继续讲课），接着对大声喧哗的学生说："你有了一些自己的想法，这样很好，我也很乐意倾听。但请让我先向大家讲完。"如果这名学生又明知故犯，你还需要重复刚才的举动，态度稍加强硬即可，但仍要把注意力放到讲课上，让课堂顺利进行。

加快你的语速或许会有所帮助，这样能让全班更加集中注意力。有些时候，也可以在话讲到一半时停下来，盯着打断课堂的同学，然后适当地批评一下该同学，最后继续讲课。

教学小贴士

在课堂刚开始时，你不一定马上开始讲课。有时，让他们先做一会儿练习会更好，然后在恰当的时机，开始说话。同样，要让你的话语简短、精练、切题。

创意
66

装作没看见

他简直让我抓狂。他能注意到所有的事情。我真的什么也做不了。

教学中一个重要的技能，就是要知道何时忽视不良行为，何时去纠正。这样能帮你节省不少不必要浪费的精力。

每一位好老师都希望整堂课下来能够顺顺利利，尽量没有冲突。如果你上课的时候总是抓住学生的小动作不放，总是密切关注他们的一举一动，那么当你真的需要因为很重要的事情批评学生的时候，效果就不会很明显了。更好的方法是，让小事能过去就过去，有选择性地忽略问题，要多给予学生愉快、积极的评价。这样一来，一旦有重要的事情要说的时候，全班都会乖乖地坐好，认真地听你讲。

心中要有明确的分类，哪些行为是不可以忽略的，而哪些又是可以忽略的。如果有的同学只是犯了一个小错误，并且已经积极地改正了，那么就让这事儿过去吧。但如果有的同学总是对他人出言不逊，还屡次不改，那么就需要你插手去管教。在要求学生改变行为举止的时候，要给出明确的原因。例如，“洛蒂，如果你总是这样没有礼貌的话，杰克会很生气的。你以后不可以这么说话了。”

教学小贴士

安排好时间去其他老师的课堂上看看，观察一下别人选择注意哪些问题，忽略哪些问题，你可以从中借鉴。你会看到学生们各种各样的行为，以及不同的程度。与经验丰富的老师讨论他们在这方面是如何做的，你会获益匪浅。

把控大局

老师总是为了解决某几个同学的问题，而忽略了全班，她根本没有注意到整个班级已经乱套了。

对于老师来说，一个既重要又必要的技能就是，必须能在帮助个别学生的同时，又能够看好班级上的其他同学。

当老师在帮助某个学生的时候，往往注意力过于集中，从而忽略整个班级，这时班里的噪声和打闹很容易发展到无法控制的地步。这种情况很令人抓狂。

我注意到，有些老师居然会采取无视的态度，继续帮助个别学生，任由班级失控。也有些老师从不单独辅导学生，只会告诉他们“等大家安静下来后再说”。那么，面对这种情况，你会如何做呢?

正确的处理方法就是，让学生上台来，让他站在讲台的一侧，这样你既可以帮他解决问题，又可以照顾到整个班级。你的评论分为两种：一种是针对该学生问题的私下评论；另一种是让全班同学都听到的评论，例如，“好啦，阿尔菲，这样就可以了……”或者“杰西，我希望你是在和苏珊讨论作业的问题。我一会儿会过去看看你们的进展。”该方法的妙处在于全班都可以听到你说的话，学生们知道你在关注着他们的一举一动，因此不会有什么过分的行为。

教学小贴士

其实，你也不必非要学生来到你的讲台旁边。你也可以到他们的座位旁边，或者让他们来到班级的后面，只要你能够与此同时关注着全班就可以。重要的是要让全班听到你的两种评论。

创意 68

演一出戏

教学就是80%演戏，20%讲内容。

最令老师们头疼的问题之一就是，很多学生上课不注意听讲，经常会扰乱课堂秩序。这个小创意可以帮你解决这一难题，让你的课堂生动活泼。

对于许多学生来说，上课就是不得不去忍受的事情。因此，他们总会用一些小动作来娱乐自己，打发时间。

在让学生注意听讲方面，确实没有什么魔法般的方法。但是，我发现有一种方法是值得一试的，在吸引学生注意力方面还算有效。许多老师在讲课的时候，经常说抽象的内容，引用的也不是具体的事物，都是模糊的概念。没有细节性的描述和事实的支撑，是很难让人理解的。因此，在讲课的时候，你要尽量说得具体。要活灵活现地描述具体事物，努力地激发学生的想象力。

例如，假设你在讲牛顿的万有引力

定律。你可以用枯燥无味的、平铺直叙的方式讲述，但你也可以充分激发学生的想象力。让他们想象一个巨大的绿苹果，里面还有虫子，从树上掉下来，砸到了牛顿的头上。再描述一下牛顿的头被砸得如何痛。再说说他是如何抬头仰望着大树，进行思考的。

通过激发学生想象力的方式，你可以让死板的内容变得栩栩如生。最后，学生们会对你讲的内容很感兴趣，变得更加注意听讲，不会去调皮捣蛋了。

教学小贴士

为了在课堂上吸引学生的注意，让他们认真听课，在平常的时候，你需要搜集一些小故事、电影片段、图片、音乐，甚至是有特色的服装和面具，以便应用到课堂教学当中，还可以反复使用。

不要吵

我当时只是要指出她不应该那样做的原因，最后我却与全班同学吵了起来。那次的感觉糟糕透了。

这一小创意能够有效避免师生间的争吵。

在任何情况下，你都不应该让自己和学生在教室里面争吵。这种争吵不仅浪费时间，还会带来压力，引发冲突。因此，你要尽力避免这种情况的发生。

争吵会让你的学生有机会挑战你的权威。所以，当学生试图和你争吵时，可采取以下措施:

- 制止学生，并告诉他，你会在课下和他讨论这个问题。
- 如果学生不听劝（并且他们经常这样做），要冷静地再次重复你的话，告诉他们你不会和他争吵。
- 在类似情况下，要始终态度严肃、富有谈判精神。

教学小贴士

有些学生可能真的有“冤情”，并不是故意想打断课堂，与你争吵。遇到这种情况，与他们课下谈谈。要保证有其他成年人在场，并借此机会冷静地坐下来，和学生一起想办法解决问题。

- 如果学生还是不依不饶，你需要再次阻止他们，实在不行，只能让他们离开教室。必要的时候，还需要给予警告。

进阶练习

如果有些学生总是习惯性地打断课堂，和你争吵，那么你一定要和他们开一场交流会，并请另一位老师参加。告诉他们，他们已经多次故意上课挑事，和老师争吵，打断课堂。如果你与学生发生冲突，并已经警告他这样做的严重后果，你就需要花费很长一段时间才能解决这个问题。

创意 70

制止仗势欺人

我不想干了。有家长对我大喊大叫，指责我不能管理好班级，说他们的儿子在我的课堂上受欺负了。而我根本不知道这件事儿！

要注意留意任何仗势欺人的迹象，并果断并及时地制止，这样可以免去许多人的痛苦和苦恼。

留心观察学生的一举一动，特别是两个学生（或者更多）围着一个学生，言辞不太礼貌的时候。要给他们以警告，如果他们不听，或者找借口搪塞说："我们只是在开玩笑，闹着玩呢，他也直呼我们的大名了"，这时你就需要立刻采取行动。

如果他们继续这样下去，你就要请其他老师来帮忙，并坚称始作俑者将被带到管教室（或者学校提供的其他合适的地方）。让必要的老师参与其中，并要保证，在让学生回到教室继续上课之前，要让问题完全得到解决。

同样重要的是，要向全班同学解释你

教学小贴士

提前发现仗势欺人的迹象确实很不容易。因此，如果你立下规矩，告诉大家，同学之间不可以出言不逊，并不断强调这一点，这样就可以避免绝大部分麻烦的发生。基本上，如果两名或更多学生总是欺负某一名学生，那么可以将其作为仗势欺人的标志，预示着麻烦就要降临了。

这样做的原因。例如，“如果这样的行为不顾老师的警告还继续出现的话（不要用‘仗势欺人’这个词，否则会引起争吵），那么我就会让所有人立刻离开教室。我不想这种事再次发生！”你不需要进一步解释说明“这种行为”是什么——因为学生们已经知道你指的是什么了。

如果老师没有提前发现，不能采取适当的行动制止，或者正如我经常看到的那样，不能将闹事的学生及时赶出教室，那么无疑就会造成非常严重的后果。

锦囊妙计 ★

根据我的经验，阻止学生间的恶意打闹是最具有挑战性的工作之一。每当这类事件发生时，学生们很擅长将自己伪装成受害者的样子，颠倒是非，他们会给出一大堆理由，让你相信他们说的话。然后，他们会使出杀手锏，将自己的气愤转嫁到你的身上，埋怨你不站在自己这边。这就是为什么在面对此类事件的时候，不要自己一个人来处理。记住，要请另一位成年人过来帮忙，不论学生说什么或者做什么，要冷静地将话题带回到恶劣行为上，告诉他们这种行为是不被接受的。

进阶练习

从心理辅导员那里获得咨询是个不错的办法，这样你就可以未雨绸缪。当你发现在你的班级里，有学生仗势欺人，你可以把他们叫到门口，并说：“我发现你最近与扎克有一两件事情要处理，所以我打算在下课的时候给你的年级辅导员写一份报告，告诉他你已经克服困难，继续前进了，并且表现得还不错。”说这话的时候要态度积极，给他们看一份空白报告，上面的标题是“积极的报告”，并让学生知道在下课的时候你一定会把它发出去，发出去后，再通知学生一遍。这种提前预防的方法基本上可以扼杀所有类似问题。

换座位

我让她把椅子搬走，可她直截了当地拒绝了我！我该怎么办？我总不能把她扛起来，放到另一个椅子上吧！

让固执的学生换座位可不是一件容易的事，这个小创意可以帮你解决这一难题。

让学生换座位是一个难题。如果这个学生当面拒绝你，那你的权威就会在全班面前荡然无存。为了减少学生换座位的概率，你应当准备一张座位表放在手边，以备不时之需。但是，当你真的需要让某些学生换座位的时候，他们拒绝了你，你应该怎么做？

在学生屡屡不听劝的情况下，你可以走到想让学生搬到的座位旁边，将椅子拉开。然后，冷静并自信地走到学生身旁，保持半米的距离，一只手伸向学生，另一只手指向要他搬到的座位，并说：“好吧，请你挪到那里去。”这时，要保持这个姿势，给学生一点时间。学生可能反驳你道："我才不搬呢。为什么是我换座位？！"遇到这样的情况，你要保持冷静，并重复你的要求。千万不要抬高你的嗓门儿。然后，对学生说："我现在要继续上课了。我在等你。"然后，继续等该学生。过一会儿再说一次："请搬到那里去。"

在这样的情况下，老师给学生的是一种精神上的压力。这种方法能让最不愿意配合的学生顺从。不要在意学生在收拾东西时嘴里嘟囔的抱怨（因为他们能收拾东西，同意换地方已经很不错了）。一旦他们起身搬座位，你就无须再说什么，直接回到讲台继续讲课即可。

有极少的情况，学生还是不愿意配合，这时你必须说："好吧，在下课的时候我们再处理这件事。"回讲台继续讲课，同时保证：

- 下课的时候要与该同学和学校领导开个会，一起讨论这个问题（如果领导没有时间，要尽快和他定好开会时间）。
- 确保给学生相应惩罚，并给家长写信告知。

教学小贴士

有趣的是，借助肢体语言来警告学生，确实可以解决问题。但如果学生十分钟后又故技重演，你就要直接上前，该采取什么措施就采取什么措施，不需要多次警告。

进阶练习

在极端的情况下，一些学生无论如何都不听劝告，就是不离开教室，这时只能让全班同学搬到另一个教室上课，虽然或多或少会伤及全班的利益，但也别无他法。

- 要让全班同学看到，在下节课的时候，该学生坐到了新座位上。这或许需要高年级老师在场，但这一步是必须做到的。否则，你的权威性会在全班同学面前丧失，大家会觉得那个学生逃过了一劫。

你要求学生换座位的理由应该是该学生在原座位惹了麻烦。不要立刻让学生换座位，而是要控制好警告的“温度”，让其慢慢升级，在让学生挪位置前，可采取以下方法：

- 第一次警告：“迈克，你坐在那里根本不学习，总是捣乱。请马上安静下来，否则我要采取行动了，好吗？”
- 第二次警告：“迈克，我已经告诉你很多次了，请你安静下来。你一直无视我的要求。如果你还是屡教不改，我就要把你的座位安排到那里去了。”
- 第三次警告：“好吧，迈克，这次我要采取行动了。请收拾好你的东西，搬到这个座位。”

行为交易

我喜欢我的老师。我们达成的交易很公平。

许多学生在与老师达成“交易”后会表现得更好，因为他们不会觉得这是强加给他们的任务。

所有老师的中心任务都是让学生能够好好学习，因为学生一旦投入到学习当中后，就没有时间去调皮捣蛋。不过，有些学生却是应付了事（这样他们就有时间去扰乱课堂）。最好的办法就是与他们进行协商，让他们不断完成小目标，不断取得成绩。如果该方法使用得当，学生们会觉得自己要比以前更有竞争力，因此也就更愿意配合你。

以下是一些实例：

- 如果学生停下来不做了，并说这个练习很“无聊”，你可以这样回答：“让我来告诉你我们能做什么。在这之前，你一直在很努力地学习，你只要再做三

教学小贴士

有些学生会说，你给予某些人“特殊待遇”。遇到这种情况，你只需在全班面前清晰、公平地解释你这样做的原因。例如，“每个人都有不同的需求和要求，有些时候，你们当中的某些人在学习上要比其他同学更需要老师的帮助。我努力地让自己公正，处事灵活，我也一直在寻找帮助大家学习的方法，因为这是因人而异的。既然大家让我来管理这个班级，那么我会尽全力开发你们的潜力。这样你们都会获得成功。”

道题就可以了，其他的留到明天做吧，怎么样？”

- 如果学生总是离开自己的座位，你可以这样说：“嘉文，你不可以再离开你的座位了。你知道这样不好。我还看到你有些激动，总是把脚伸出来。我们可以试着这样做：在十一点之前一直坐在座位上，之后可以短暂地休息一下，在教室里自由活动。但这之后，你必须回到座位上继续学习。这样公平吧？”

表扬信

许多老师都说过，他们会写一封表扬信寄到你的家里，但是他们从来没有兑现诺言。这个老师却不一样，他会在学校就写好表扬信，然后让你放学后直接带回家给父母看。

偶尔给学生及时的奖励对于行为管理效果显著。

印好一沓信纸，上面留出写学生姓名和表扬内容的地方。这样做的好处是，表扬信可以在下课后直接发到学生的手中，学生一旦及时受到了表扬，会表现得更好，这样就起到了事半功倍的效果。

在开始上课时，要提醒大家说："现在，大家不要忘了，这堂课我有三封表扬信可以发出去。在上课过程中，我会寻找认真听讲的学生。记住，只要你今天尽力了，表扬信就是你的！"

这样在上课前，学生们就有了竞争意识。最好把表扬信的数量控制在三张。因为数量过多会让其含金量降低，效果也会随之降低。

教学小贴士

有时，该方法确实很奏效，学生们都想得到表扬信，但如果没有得到就会变得很不开心。遇到这种情况，我给您两个建议：

1. 要保证在下课之前向全班公布获得表扬信的同学姓名。这样可以防止学生打断课堂，避免课堂上的争吵。
2. 告诉那些行为表现和作业完成情况在前三名之外的学生，你会把他们的名字写到奖励名册上，在接下来的几天给他们发放表扬信。

记住，与许多行为管理的方法一样，该方法的成败就在于，你是如何交代背景，向学生介绍表扬信的。

就事论事

我觉得我的老师很公平。我当时确实表现不好，但我觉得他很关心我，还是很喜欢我的。

如果你能够就事论事，不因为学生的一次不良表现就将其归类，这样久而久之，你会得到学生的尊敬，从而获得教学上的成功。要做到一码归一码。这一小创意是创意49“用表扬代替批评”的延伸。

作为一名老师，你要时刻谨记，学生与你一样，都是有情感的。任何人在受到批评后，都会自然地进行防御，学生也一样。因此，如果在批评时，此事不对人的话，效果会更好。

这就需要在批评的时候注意自己的措辞。例如，假设埃莉诺总是上课打岔，而不是正常回答问题。你可以说：“埃莉诺，我已经和你说过好几遍，让你停下来，但你好像故意不听我的话。你知道上课的时候不能打岔，否则大家都听不清老师讲课，也无法参与到课堂当中。我别

教学小贴士

你或许会认为，教训学生的最好方法就是对他们高声斥责，大动肝火，树立老师的绝对权威。然而，对学生不加以“攻击”效果会更佳（从他们的角度思考问题），试着在批评时只针对他们的行为，而不让其自尊心受挫。你必须条理清晰，公平公正，告诉他们原因。通过这种对事不对人的方法，你将在行为管理方面变得得心应手。

无选择，只能罚你课后留校十分钟。这条规矩是给全班定的。我知道你可以好好学习这门课，但我们必须先解决这个问题，然后再继续上课。”

手机

我告诉过他，让他把手机收起来，但他根本就不听。我试过所有的惩罚方法，真的是很气人。两分钟之后，他又会把手机拿出来玩儿。我该怎么办？

此创意给老师提供了一种清晰明确的方案，解决现今老师最头疼的问题——手机。

大多数学校对于手机都有严格的规定。不幸的是，这些规定总是不那么奏效。

由于手机能够看新闻，也能看视频，因此在课堂上拿出手机是严格禁止的。我认为在这方面应该采取零容忍的态度。向你的学生强调，不许出于任何理由上课使用手机。要确保高年级的老师们也遵循这个规定。让全班明确知道，你是不会允许学生上课使用手机的。

如果学生上课拿出了手机，你可以告诉他，如果他不立刻将其收起来，你就会把手机没收，锁在柜子或抽屉里，

教学小贴士

对于那些屡教不改的学生，你需要采取不同的措施。警告学生，由于他一再违反规定，他的手机将被没收，直到下节课下课为止。一旦你发现这种屡教不改的学生，请一名高年级老师来帮忙，在下节课上课前，站在门口，和你一起要求学生进教室前交出手机。

并向学生展示钥匙。之后，校长会在放学后把钥匙交给家长。十次中有九次，学生会乖乖地听话。警告他们，如果上课继续使用手机，你就会把高年级老师请过来。

和同事们一起商量好，使学生要回手机会非常困难。要义正词严地告诉学生，必须让家长亲自到学校来拿。要知道学生们既不想手机被没收，也不想让家长参与进来。

从反思中进步

在我刚开始从事教学工作的时候，我总是能很快地吸收知识，讲给学生。到后来，我发现，教学是无边际的。你在教学生的同时自己也在学。

要积极地向优秀老师学习，取其精华，提高自己。

行为管理的方法有两种。一种是你孤军奋战，不断地重复上一节课的做法。你的工作就是一场打不完的仗，你的原则和规定就是你的“破坏性极限”。这种类型的老师会被他的工作束缚住，他无法跳出来，分析问题，解决问题。

另一种方法则要好得多。每一次都问问自己“我应该如何做才能做得更好”，就是这么简单。

你应当做以下几点考虑：

- 当出现问题时，你能够采取哪些不同的方法来解决问题？
- 定期与其他老师沟通，借鉴他人的方法。

教学小贴士

为了达到期望的目标，你需要进行规律的研究，拿出固定的时间去学习，就像你会拿出时间去备课一样。每天抽出半小时来研究行为管理，把它作为首要完成的事情。

- 广泛阅读有关行为管理的文章；上相关课程，看有关的培训视频。
- 试着使用不同的技巧。
- 不断创新。

如果你坚持以上方法，会得到如下回报：

- 你会感到更加愉快，能够更好地管理班级，不会像过去那么累。
- 学生也会更加喜欢你的课。
- 你的同事会尊重你。
- 家长们会敬重你。

“我没带笔”

许多学生上课都不带笔。我试过让他们下课留校，家长却会抱怨。我也试过给他们发笔，但这对我来说花销太大，因为他们下节课的时候还是会忘带！

这个小创意能够帮您有效解决这种令您头疼的普遍问题。

学生们上课时说自己忘带笔是个常见的问题，并且很令人恼火。如果你每次都给他们发笔，你会发现，他们下次还是不带。相反，要是不给他们的话，他们就会把没有笔作为不学习的理由。如果你放任不管，还可能引起争吵。对于这种情况，你该怎么办？

准备出多余的笔是个不错的办法，但同时：

- 在每支笔上面做好标记，贴上不同颜色的标签。
- 提前和学生说好，你下课的时候会找他们谈话（这会给他们带来不便）。
- 将所借的笔和借笔人的名字写在

教学小贴士

你也可以只借一种颜色的笔，比如绿颜色的笔。这样，每当你批改作业的时候，从学生的作业本上就可以一目了然地看出他有多少次忘记带笔。这在你与学生讨论如何解决问题时，可以起到一定的帮助作用。

黑板上。

这样做的好处就是能保证教学顺利进行，但要让学生承担相应后果，也就是课下找你谈话（否则，他们不长记性）。同时，在黑板上写名字并在笔上做标记可以帮助你顺利把笔找回。

演讲俱乐部

我之前不知道我的体育老师这么喜欢科幻小说。我也非常喜欢。现在，我们经常一起讨论这个话题。

组织学校的教职工和学生参加演讲俱乐部，让他们说说自己的兴趣爱好，这样大家更加喜欢学校，学生的行为表现也会越来越好。

每位老师都有除了自己专业以外的爱好。为什么不抽些时间充分利用这些丰富的资源，组织一个演讲俱乐部呢？在这里，老师们可以根据自己的兴趣爱好或者专业知识进行演讲。

该方法具有众多优点：

- 所有人都很享受这个过程；老师们都喜欢在什么样的环境氛围下，展示自己的兴趣爱好。
- 老师们展现出了与平常不一样的一面，对于学生来说，变得更容易亲近。
- 倾听其他老师的演讲，能够丰富学生的知识。

教学小贴士

要尽你所能地招贤纳士，壮大俱乐部。鼓励不同学科、不同年级、不同职能的人参与其中。目的在于发现师生间的共同点。在这期间不谈学业，只谈爱好，让学生和老师们在这里大放异彩。

进阶练习

如果这一活动开展顺利的话，还可以进一步发展你的俱乐部，可以邀请食堂员工、管理员、实验室技术员，甚至是校董事和家长们参与进来。最后，所有人都想加入这个俱乐部。

- 学生的行为会大大改善，因为老师所讲的内容能够充分发挥学生的想象力。
- 让大家感觉到学校就是一个小社区，不再是互不相识的年级和班级。
- 还能促进同事之间的合作。
- 让你有机会观察其他老师的精彩演讲，学习他们的技能，应用到自己的教学和演讲当中。
- 打破常规，给师生间的沟通又打开一扇门，因为学生看到老师与自己有相同的兴趣爱好。

“我感觉不舒服”

如果我轻易答应让学生去校医室，他们会觉得我好欺负。但如果我不让他们去，而他们又是真的难受，那我就麻烦了！我不是医生，我是老师。我怎么知道学生到底真难受还是假难受？

此创意给你提供一个简单实用的小办法，让你知道在学生说不舒服的时候应该怎么做。

有的学生嘴上说自己不舒服，其实是为了不学习找借口。这样的学生真的让老师们很头疼。当然，他们说的也许是真的。你要做的是专业地判断出自己该如何应对。当学生要求去校医室时，你可以这样说：“苏菲，你试着保持安静，再做十分钟作业，如果那时候你还是不舒服，我们再来想办法。在这期间，你要是感到更难受的话，请随时告诉我。”之后，要时刻留意该学生。看看她是真的不舒服，还是私底下又和同学打打闹闹。

大部分情况下，学生都会专心学习，忘记了自己身体不舒服。如果十分钟后，

创意
79

教学小贴士

对于总是提出要去校医室的学生，你需要去校医室核实一下该学生的情况，看看这背后真正的原因是什么，然后可以向高年级老师请教。

她还是说不舒服，那就让她去校医室看看。此外，十分钟后不要主动问她情况，要看她会不会主动问你。

还有些时候，你会遇到更加棘手的情况，那就是学生还是不学习，一直说自己不舒服，然而还不去校医室。遇到这种情况，给他一定的时间，让他平静下来。然后，给他们两个选择，继续学习或者去校医室。要注意这里不要给中间选项。要让全班明白的是，你确实在乎学生的感受，但课堂上是有规矩的。

角色扮演训练

我们班的学生总打架，让我很头疼。我真的想不当老师了。

与同事们一起，借助角色扮演，探索解决打架事件的办法。

角色扮演迷你剧本：

演员：A＝老师；

B＝伊萨克（学生）；

C＝肖恩（学生）。

B：如果他这么说，就让他滚开！

C：兄弟，这要是让他听见了，肯定会揍你！（配合相应的肢体语言，表示冲突升级。）

B：我会把我的叔叔叫来，他会让你好看！（冲突升级。）

A：够了！都别吵了。让我们继续学习莎士比亚吧。（声音坚定，却小心翼翼的。）

C：（完全无视老师）是雷西上周揍

的那个叔叔吧？（声音中带着嘲讽，身体开始离开座位……摆出要打架的姿势。）他就是个蠢货！

A：我说了，都别吵了。现在都安静下来！（叫喊着说出这些话，表情严肃，试图控制局面，但身体上没有采取任何行动，来制止恶化的冲突。）

B：（很生气，转向插手此事的老师）我一直很安静！是他欠揍！（冲向对手，整个班级安静下来，一场打架即将发生。）

A：（试着掩饰惊慌）艾米，你可以去办公室叫来一位高年级老师吗？快去快回！

多这样演练几次，找出让关系变得紧张的因素。这样你就能够看清并找出最合适的解决办法。

角色扮演结束后，讨论以下内容：

- 老师应该在何种情况下介入调解？
- 为何准备一个求救应急方案格外重要？
- 在这样的情况下，老师采取怎样的肢体语言和语气才是最恰当的？

教学小贴士

如果你在课堂上遇到过学生打架的情况，你肯定感到压力很大，这或许还会打消你教学的积极性。但是，打架事件是很少发生的，并且你还可以采取很多行动来制止这一行为。你一定要明白，这种恶劣问题只是你工作中的一小部分而已。

- 学生在争吵时，老师应当怎么做？

- 如果学生真打起架来，老师应当采取什么措施？（这点很重要。我发现很多老师对此存在着误解，并且理解也是模糊不清。学校的程序是怎样的？）

- 事发后，老师应当找外援吗？

- 角色扮演的本意在于进行尝试和探索。当然，在实际生活中，最好还是避免事态的恶化。但如何做到这点呢？首先，要确保在上课之前，站在教室门口，在学生进入教室时，你可以敏锐地察觉出异样。如果发现异样，可以让其中一名学生先站在教室外，然后请高年级老师过来调解。这样可以避免冲突升级。要给学生明确的警告，早发现、早行动是一个老师应具备的重要技能。

锦囊妙计 ★

有一个不错的办法，就是和经验丰富的同事们一起，将学生要惹事的迹象都罗列出来。当然，你一个人是无法全部识别出来的，但借助相应的策略，你可以降低打架事件的发生率。

求助

班级已经陷入混乱了，有的学生受伤了，班级物品也遭到了毁坏。我不应该让事情发展到这个地步。我应该早请人来帮忙。

当你正常的专业技术失灵时，请及时求助。

请想象下面这个情景。你像往常一样正常讲课，但学生却有平时那样安静。班级的气氛有些不对劲儿。罗西突然跑到前面，搞笑地把东西扔到了垃圾桶里。克洛伊看到后忍不住大笑。伊桑又突然用拳头捶打同桌的胳膊，等等。你采取常用的技巧来控制局面，但毫无效果。情况正在恶化，班级很快就失控了。整个班级都在与你作对，在这30比1的情势下，你寡不敌众。

这种情况下，你必须也只能这样做：召唤骑兵（高级管理团队中的一员）。有些老师却认为，向他人求助是失败和无能的表现，但事实并非如此。这反而是一种优势，而非劣势。

如果在刚才那种情况下，你继续与全班作对，不仅是个致命错误，还会非常危险，情况可能迅速恶化，导致混乱，甚至发生肢体伤害。不向他人求救其实是滥用了家长对老师的信任，以为老师在给予孩子保护方面绝对专业。

还好，需要求助的情况并不是很多，但一旦情况恶化，请不要犹豫。

教学小贴士

在一些边缘性事件中，当你对全班说要叫其他老师过来帮忙时，其实就已经解决问题了。要对学校的相关规定谙熟于心。学校当然有责任在老师需要帮助的情况下，提供及时的帮助。

创意 82

校外的恶语相向

当时我在超市里购物，突然出现了一群学生，他们对我大喊大叫，恶语相向。我与他们吵了几句，情况变得更糟糕了。当我回到家里时，我感到沮丧极了，真想辞职不干了。

在校外，学生们对你恶语相向是很严重的问题，你不应该选择独自面对。

如果学生在大街上对你恶语相向，或者试图这样做，绝对不要选择当下解决。为了防止情况恶化，下次回到学校的时候，安排一场会议，请来一名高年级老师、闹事学生，以及学生家长或监护人。在会上必须强调事件的严重性。学校的有关礼貌的道德准则是要延伸到校外的。要明确地告诉学生，以后在街上再以这种态度对待老师的话，是无论如何不会得到谅解的。

要确保该事件被校方记录在案，老师自己也要做好记录。最好以原谅和和解的口吻结束会议。在学校，要像往常一样对待该学生，不要提及之前的不快。

在极少情况下，这种恶语相向的行为还会继续出现，这与学校的规章制度有关。不论如何，千万不要独自一人面对。

教学小贴士

当你在街上遇到学生对你恶语相向时，你会很自然地生气，然后进行某种程度上的回击。然而，请切记，教导年轻人需要不小的耐心和自我控制力。要三思而后行，保持冷静。遇到这种情况，要及时全身而退，事后靠学校的规章制度解决。要知道，其实学生并不是在针对你个人。他们是把你当作权威的代表，你当时扮演的就是挡箭牌的角色，所以要控制好自己，沉着应对。

创意
83

比留校更好的方法

写留校信好像占了我一半的时间，另一半时间也都花在了检查学生留校情况上，因为他们根本不出现。

该方法可以帮助你节省时间，改善学生的不良表现。

老师们总是一有事情就要求学生留校。这个方法看似很简单直接，但其中有不少隐患：

- 这样做会让学生心存不满，事实上，还会让情况恶化。
- 你会花大量宝贵时间去填写表格。
- 你还会疲于检查学生是否按你的要求留校了。
- 如果他们没有留校，你不得不重新走一遍流程。
- 留校还是家长与老师之间争议最大的问题之一。

虽然老师可使用的惩罚措施有限，留校可谓是杀手锏，效果还算不错，但其实有一种比这更好的方法。在真的让学生留校前，可先写一封正式留校警告信，寄给家长。

用这种提前警告的方法代替直接要求留校，你会发现，学生稍作思想斗争后，就会乖乖地好好表现，因为他们知道自己的一举一动都逃不过你的法眼。

这个小创意真的很管用，因为与直接要求留校相比，它省时省力，效果还更佳。

教学小贴士

在写警告信时要做得像模像样。找一个显眼的本子，在上面记上受到警告学生的名字，以及警告的日期。询问他们的辅导老师是谁，这样才能让整个过程看起来更加正式。

警告信的模板如下：

正式留校警告

学生（姓名）在老师的多次提醒下，仍然屡教不改，不遵守学校规定。特在此提醒，如果该学生继续不配合老师教学，将在___日___时（地点），给予留校处分。

签字

（抄送给主管领导）

创意 84

“宫廷弄臣”

我承认，我确实喜欢受人瞩目的感觉。大多数老师都会把我赶出教室，但她不一样，我即便有些小动作，还可以待在教室里，也可以听听课。她还是理解我的。

如何大事化小地处理那些喜欢引人注意的学生。

一些学生很擅长使用各式各样的方法以引起大家注意。他们就是班里面的“宫廷弄臣”。他们对自己的恶劣行为不以为耻，反以为荣，一点儿也不担心老师会批评自己，反而会渴望老师的批评。

我发现，与这种学生进行正面交锋是不可取的办法。我记得，曾有一位“不废话”老师，她的处理办法是让该学生转班。对这名老师来说，虽然问题得到了解决，但接收这名学生的另一位老师该怎么办呢？

我发明了一个双层系统。你可以一边继续用之前的方法管理班级，而另一边管教这个调皮的学生，但二者程度有所不同。

你必须对他进行大事化小的处理，时刻观察他的举动，一旦发现他有过分的举止，要及时给出反馈。在此过程中，你需要跟踪观察该学生，你所说的话也要做到公平公正、严肃流利。事实上，你需要给他一点空间，可以让他有些小动作，但同时在管教他时要与整个班级氛围相契合。在批评该学生的时候要尽量靠近他，可以这样说："托马斯，很棒，你做得不错。要是再小点儿声就更好了，可以吗？"

教学小贴士

为了加强效果，您可以选择在开始娱乐活动之前，停下来说："全班不安静下来，我们是不会开始的。"然后，眼睛注视着那个调皮的学生。你会发现，整个班级的力量，加上你的耐心，是足以规范这个学生的行为的。

创意 85

处罚不宜过快

我已经开了好几份留校便条了，也把调皮捣蛋的学生请出了教室，可是班级还是安静不下来。我现在该怎么办？

不要过快地给出结果，否则你将无计可施。

老师们经常犯的错误就是过快地给予学生处罚。不断地“提高赌注”，提高处罚级别是老师们常用的方法，但如果全班同学的行为进一步恶化，他们就变得无计可施了。

将批评的过程放缓是个不错的方法。例如，先不要急着给行为不良的学生调座位，而要先试着这样对他们说：“如果你还继续这样做，我就不得不考虑给你换座位了。”这里要强调的是，你将“考虑”给他换座位。这个方法可以给你更多的空间和时间去思考，同时也给学生更多的时间去想想自己行为所造成的后果。如果他们还是表现不佳，你可以警

教学小贴士

你还可以借助笔记本来达到更好的效果。要提前警告学生，告诉他们如果继续调皮捣蛋的话，你将把他们的名字记在本子上。这里要注意的是，你只是警告学生会将他们的名字记到本子上，仅此而已。但想要控制局面，你需要通过语言和行为，让学生知道你不是说着玩的，并且你不会容忍他们的这些恶习。这种记名字的方式（并让学生清楚地知道你在做什么）比直接把他们赶出教室要管用得多。

告他们，说如果他们还是屡教不改，下一次就给他们换座位，说到做到。

此创意让你通过口头的警告来掌控全班，因此你的语气和肢体语言就要比惩罚本身更重要。你的措辞必须清晰、坚定、正式。

进阶练习

向其他老师请教他们所用的轻处罚有哪些。你会受益匪浅，从中学到很多不错的点子，用到自己的教学当中。

针锋相对

他的脸都气紫了，我觉得他当时想揍我。之后，我请了很长一段时间病假，我没有勇气回学校。

通过适当的训练，为偶尔的针锋相对做准备。

有时候，事态会迅速恶化，学生会把矛头指向你，与你针锋相对。这无疑是一个可怕的局面。你唯一能做的就是，在平时就如何应对这种情况多加练习。

与同事们一起讨论是个不错的办法，大家坐下来“假设”不同的情况，以及相应的应对措施。

要学会如何把握说话时的语气、措辞、肢体语言和手势，做到严肃并冷静地化解危机。与你的同事一起练习。事实上，只有通过训练，你才能知道如何更好地处理这种紧急情况。

你会发现，你需要慎重地决定自己的反应。如果你过于顺从，学生可能就不会把你放在眼里。如果过于严厉，也会让问题升级。

为了让结果更加令人满意，事先的训练是很有必要的。当然，我们都希望不要遇到这么棘手的情况，但训练确实会让你有备无患，在需要的时候你可以自信地应对自如。

教学小贴士

如果你有机会，可以参加专业训练课程。它可以给你提供更多的细节，教会你更多的行为管理技巧，让你轻松自如地掌控局面。

创意
87

找出始作俑者

我整堂课都在努力学习，但我因为别人闯的祸而放学留校。或许我当时也加入了进去，没有好好学习。没有比这更糟糕的了。

惩罚无辜的学生是不公平的。

要是有个别同学扰乱课堂，老师很有可能归罪于全班同学，让所有人都留校几分钟。然而，惩罚那些没有做错事的学生是错误的做法。这样做会引起如下问题：

- 家长会抱怨。
- 好的行为受到了打击。
- 罪魁祸首可以躲在全班同学中间。
- 在放学后，想要管理闹哄哄的班级是难上加难。（朋友间会在教室门口互做鬼脸，打打闹闹进入教室。）

正确的做法很简单，你需要找到始作俑者，并让他们知道，要为自己的行为付出代价。

虽然没有科学依据，但在一个25到30人的难以管教的班级里，你通常可以找出五六名经常扰乱课堂的学生。其余学生中，有一半都表现得很好。剩下一半属于随风倒型，在秩序井然的时候，他们表现得不错。一旦捣乱者开始兴风作浪，他们也会在一旁煽风点火，凑份子。

对于老师来说，了解班级的“权利平衡”很重要，这就是为什么要找出始作俑者的原因。要让他们知道，你一直都在留意着他们的一举一动，如有不良举动，他们将受到处罚（虽然不一定非得是在当下处罚）。

教学小贴士

一个不错的方法就是，在恶劣行为出现时，拿出你的笔记本，并用严肃的语气说："好吧！虽然有人扰乱课堂，但我不会去惩罚表现良好的学生，你们当中大部分都表现得不错。而那些少数的始作俑者将会被记录到这个本子中，我会在事后再处理他们。"

创意
88

评语小贴纸

这些事情让我精疲力竭，我每天不得不工作到很晚。我觉得自己一点儿能量都没有了。明天我也不愿意去管理那个不听话的班级了。

行为管理需要占用老师很多的精力。其中，打分就是非常浪费老师精力的一件事。

为了在行为管理方面更有效率，你需要给自己腾出足够的时间和精力去处理它们。

所有学科都需要打分环节，都需要重复同样的评语。当然，虽然不是所有的评语都是一样的，但大部分是重复的。

帮您节省时间的一个不错的方法就是制作你自己的小贴纸。用你的电脑在贴纸上面打出文字，要多打出几份那些你常用的评语。要保证评语的内容简洁明了。然后，在打分的时候，贴上相应的贴纸即可。印在贴纸上的评语列举如下：

- “请用字典查阅我标记出来的单词。”

- “请给你的观点举出例子。”
- “请保持卷面整洁。”

你会发现，刚开始在制作贴纸上花费的时间是非常值得的，这会为你节省不少时间。

- 学生的作业会变得越来越整洁，内容更专业。
- 学生可以更容易地读懂你的评语，免得你上课的时候再次解释。

教学小贴士

让不同的评语有不同的颜色，再让你的同事们也加入进来，一起制作评语贴纸，彼此分享，共同获益。

第二张时间表

创意
89

之前，我一直以为，行为管理就只是管理学生。但现在，我意识到，这也包括管理我自己。其中，最重要的一部分就是管理好我的时间。

创立第二张时间表，并严格遵守它。该方法可帮助你很好地管理工作，更高效地利用时间。

许多老师发现，他们不能很好地处理多个任务，最后把所有时间都花在了完成任务上面。从长远来看，这样做会最终将你的精力消耗殆尽。

为了让你重新掌控局面，你需要设计第二张时间表。将你需要完成的任务列出来，给每个任务分配好固定的时间。例如，

- 星期一下午4到5点：批阅八年级作业。
- 星期二下午4到5点：回复所有邮件，整理所有文件夹。
- 星期三下午6到7点：写下周的教

教学小贴士

要对自己严加要求。如果你在一小时内需要批阅30本作业，那么就把每本作业都分配好时间。如果你不这样做，你会感到这个工作永远都做不完。

学计划。

如果你能够严格地遵守时间表，你会发现，你不必像过去那样担心你的工作，因为你知道，所有的工作都被安排得很好，这样你所有的精力都可以放在教学上面了。你还会发现，你会有更多的休息时间。事实上，在排时间表时，还要加上自己的休息时间。

当然，你无法预见所有你要做的工作，所以，还要在时间表里面留出一些弹性时间，留给意料之外的工作。

锦囊妙计 ★

为了帮助你排列好任务的先后顺序，在列出任务单时，在每项旁边标注上“A”“B”或“C”三个等级。它们分别表示：

- A——必须做，否则会造成严重后果。
- B——应该做，如果不做，不会造成什么后果。
- C——最好做，如果不做，也没关系。

创意
90

不要让学生越界

我知道我做得太过分了。好吧。现在没问题了。

确保你建立了一个明确的最低行为标准，谁也不许过界。

一些老师过于放任那些调皮捣蛋的学生，以至于他们都忽视了那些表现良好的学生。

最好的办法就是用尽一切方法让调皮的学生参与进来。试着让自己扮演裁判员的角色，为了保证教学的顺利进行，你不必去锱铢必较。但是，你必须有一条“红线”，并确保所有的学生都不能越线。

有些时候，尽管你很公平公正，使用专业的方法，但你的学生还是会不管不顾，随心所欲地做自己想做的事情。这时，你应该请来一位高级教员，开一场特殊的会议。在会议上，要解释清楚你所用的方法，并给出详细的细节，以此证明自己的做法是合情合理的。同时，还要列举出其他同学的哪些举动是不可以接受的。

这对于该学生来说，将在行为上有一定的积极影响。但事实上，向学生解释清楚你生气的原因，并让他们知道，他们的行为已经越界了，这就足以让学生认识到自己的过分行为，并会试图改正。

教学小贴士

请记住，你可以生气，毕竟老师也是人，但这并不是你不友好、不专业、不关心学生的理由。尽管这个道理很简单，但你仍需谨记，惹你生气的是学生的行为，并不是这个学生。

创意
91

我也有错

这个点子的效果真不错。就像魔法一样，学生们的行为有了很大的改善。

承认自己在糟糕的一堂课中也有过错，能让你的学生看到，你是公平的，并且你有信心、有决心做得更好。

当着全班同学的面，承认自己也有过错是需要勇气和经验的。但如果你能将这点做得恰到好处，它就会成为你的秘密武器。

如果你习惯分析课堂失败的原因，你会经常发现，这是由于恶劣行为和作业导致的。这些作业有时候内容枯燥无味，完全不能引起学生的兴趣，因此问题会接二连三发生。

在上课之前，大致说一下上节课的问题。可以这样说："现在，我们非常清楚，在上一节课，某些同学的行为举动有些过分。但是，我也要承认，这当中我也有错。我看过自己给你们布置的作业，或许它确实有些难，有些地方还让人费解。”要清晰并快速地解释你所做的改进。例如，你可以告诉大家，你已经重新出了一份作业题，并加上了一些题目说明。

然后，积极地对全班说，“现在，我们有了改良的作业，你们的行为也有了改观。我相信，这节课一定会上得很好，不是吗？”

教学小贴士

不要随时随地使用此创意，而是仅限于在与你建立了良好师生关系的班级使用。因为，当你承认自己也有过错，并做出改进时，这一举动本身就需要很长一段时间，才能让学生的表现如你所愿。

小进步

这个创意对我来说很管用，因为它能让我更多地表扬学生，而不是批评。

要记录下你所发现的学生的小进步和表现好的地方，及时在私下里给学生反馈。

每个人都想让自己的记录一直是优秀的，这会让他们感到很骄傲。然而，对于那些自尊心强并有行为问题的学生来说，他们可能不会对自己的行为记录感到骄傲。当然，他们不希望自己的行为被记录下来，公布于众。

“个人行为记录”系统操作起来很简单。你只要准备一个专门的笔记本，每页对应一个学生，在上面写上他们的行为记录，并给出评语。评语的内容要简洁、鼓舞人心、积极向上。

以下是我所写过的评语：

- 杰克进教室的时候比以前安静多了。

- 简的练习本比之前工整多了。
- 大卫大呼小叫的次数少了，懂得举手回答问题了。
- 娜塔莉这周五次中有四次按时到校。

给学生看他们的记录最合适的时间就是下课后，要将其作为平时的评价。内容要简洁、积极。

这个小点子的价值在于，让学生知道自己的良好行为是能够被老师注意的，是有所回报的。此外，该方法也让你在经常批评学生的同时，有机会去表扬他们。

教学小贴士

当你写了一定数量的积极评语后，问问学生是否要把本子给校长看看。这一小小的举动能够让学生立刻提升自尊心。如果你能够请其他老师来帮忙，一同表扬学生的小进步，或者在他们的课堂上也使用这个笔记本，那就再好不过了。

教室的布置

我发现9班在乱糟糟的历史教室表现得非常不好，在整洁的地理教室却表现得很好。我想不明白为什么会这样！

你如何布置、整理、规划你的教室，对行为管理来说有很大的影响。

以下是教室物品摆放准则，对于行为管理来说非常重要：

- 要保证调皮捣蛋的学生都正对着你。如果学生坐成不同的小组，老师就无法时刻留意到他们。
- 如果班级人数不多，可以让每个学生坐在双排桌后面。
- 把经常扰乱课堂的学生座位分开。
- 桌与桌之间要留出足够的地方，这样你可以在教室里四处走动，同时还能减少你与学生间的距离感。如果把桌子都并起来，就会显得你与全班是相互对立的。留出一定空间的话，你不仅可以在班级前面观察大家，在班级后面也可以。

- 要保证你与第一排之间有足够的空间。这样你能够在教学过程中自由、自信、舒适地来回移动。这里是老师们经常低估或者忽视的区域。

- 要让自己能够轻松够到柜子、投影仪、电子白板，以及其他教学资源。

- 一个简单而又有效的方法就是给大家做出示范，保持你的桌面和物品干净整洁。

教学小贴士

保持环境的整洁、有序，如果学生没有达到标准，要郑重地提醒他们。这样你的学生会马上知道，你的教室是经过精心布置的，并且老师是不会容忍教室内环境邋遢、杂乱的。学生会知道，要是撕坏展示墙，或者桌面不整洁等，你将有怎样的反应。这是一个作用强大的技能。

让教学变得生动

创意 94

他是一名很棒的老师！我喜欢他说话的方式！

在描述事物时，要尽量使用积极的语言，充分发挥创造力。

教学小贴士

要让使用创新语言成为一种习惯。你会发现，它们能帮助你缓解紧张气氛，对学生起到鼓励作用，更重要的是，你的课堂变得妙趣横生！

你的措辞和说话的方式对你的学生有很大的影响。不同的言语会引发不同的反应。如果你说“进到教室里来”，其中的“教室”一词就有着消极的意味，在潜意识里会压抑人们的情绪。但如果你说“请进入知识的殿堂”，你会创造出一种积极的氛围。不要说“我们今天要考试”，而要说“我们现在有个很好的机会来展示我们所学到的知识”。

你在措辞方面的选择和尝试越多，就能够让知识变得越发生动，让学生觉得学习变得越来越好玩、有趣。

一句简单的“我现在要给你们看一幅画……”听起来令人乏味。为什么不给它稍加装饰，这样说出来："我马上就要给大家看一个几百万年来，从未有人见过的东西！"然后，将那幅太空拍摄的地球图片展示给学生。

你描述事物时所用的轻松、愉快、积极的风格，可以给你的课堂增色不少，也讨学生喜欢。一开始的时候，学生们可能不适应你这样说话，但久而久之，他们也会在说话时使用积极的语言。

我之前并没有意识到这个方法的强大作用，直到有一次一位老师帮我代课。他事后告诉我，在离下课还有十分钟的时候，学生们开始要求进行他们喜欢的"世界名人大会"。

进阶练习

不断地挑战自己，试着每堂课都使用不同的特别词汇！或许你还可以向学生请教些新颖的词汇，放到下节课使用，你回头可以告诉他们你是怎样使用的。

创意
95

应对突发事件的小宝典

自从用了这本书，我的情绪有了很大的改善。在任何突发事件面前，我都镇定自若！

对突发事件进行预测和记录，你就会了解到它们的影响。

在任何时候，大部分老师都会因为某些事情感到“紧张”。教师行业是一个高风险的行业，因为到处都充满了压力和突发事件。你可能遇到一位特别难应付的学生；或者你花费了数小时准备的作业被学生随手扔到了地上；又或许你身边有一位不好相处的同事。

面对难以管教的学生，你需要让自己迅速地恢复体力和精力，因为处理那些突发事件需要大量的精力和体力。其实，引发问题的并不是突发事件本身，而是你对此的反应。应对突发事件，最简单也是最有效的方法就是做好预期！而做好预期的最佳方法就是把已发生的突发事件记在小本子上。当然，实际工作中，你不必事无巨细地记录所有事件，记录经常发生的即可。

用这种方法应对突发事件很有效，因为你将整个事情变成了严肃的游戏。假设一天下来，你的本子中已列出一张突发事件表，标号从1到7。你会渐渐发现，其实突发事件就是教学中的一部分。你永远不可能甩掉它们，因此你最好让自己用一种能够掌控全局的方式处理它们。

教学小贴士

在每天教学结束的时候，简单浏览一下自己所记录的突发事件表，并在最下方写上：“今天把它们都处理掉了，并保持了冷静又愉快的心情。”这样做可以激励你自己。

创意 96

网球游戏

我喜欢我的老师。不论你说什么，他都能够应对自如。他能让你心甘情愿地学习。

用幽默风趣的语言来管理行为，让学生有积极乐观的心态。

入行久了，你会发现，自己的言语对行为管理来说很重要。在教室中，有一套语言技巧，也就是师生间的“网球”游戏，是非常重要的。事实上，我还从未见到一个优秀的老师不使用这个方法！

该技巧的核心就是，老师要将学生的话重新组合，化消极为积极。这就像打网球一样，学生打过来一个很难接的球，你需要回一个有节奏、有速度的球。

例如，学生会说：“这东西太无聊了！”你可以这样回答：“好吧，苏菲，那么我们如何做才能让它变得更有趣呢？”

该技巧有如下优点：

- 避免了冲突。

- 保证了教学的顺利进行。
- 调动了学习气氛。
- 把精力用到有用的地方去。
- 让老师养成了以积极的态度回答学生问题的习惯。
- 时间久了，学生的消极态度会有所好转，他们会变得越来越乐观。幽默风趣是可以传染的！

教学小贴士

当你对该技能驾轻就熟后，你可以更加仔细地斟酌自己的回答，对他们打来的“球”给予表扬，并回给他们一个“旋转”球，让他们去思考。例如，如果学生说：“我做不到！要读的东西太多了！”你可以这样回答：“哈利，你观察得很到位！很不错！虽然内容很多，但我们为什么不可以把它们分成几小块，各个击破呢？”

投其所好

通常情况下，强人所难的事人们很难做好。但如果是他们愿意做的事，通常会做得很好。

找出学生的兴趣所在，试着将其与教学内容相联系，让他们爱上你的课堂。

从开始教师生涯的第一天起，你就要留意并找出学生真正喜欢并感兴趣的东西。你可以从与学生的日常对话中获得这些信息。记录下他们的喜好，比如，他们喜欢哪支足球队，喜欢哪些明星。把这些都记住，然后将其与他们平时不愿意谈论的话题或参与的活动相结合。

例如，在科技课上，一名学生把东西推到了桌子边上。本课的内容是让大家设计一款新的椅子，但他就是不感兴趣。他觉得做这个没有意思，并且因此心情很糟糕。

但你恰好知道，这名同学是歌手碧昂斯的粉丝。因此，你可以让他设计一款碧昂斯可能喜欢的椅子。试着去鼓励他，用热情的语气对他说："嗨，查理，如果你想在给碧昂斯设计椅子的大赛上拿冠军，你觉得你设计的椅子会是什么样子的？"

将学生的兴趣爱好与教学内容相挂钩，能够有力地说服学生参与进来。

教学小贴士

我发现，有一种方法能够对本条创意起到帮助作用。你可以拿出一张纸，在上面写下一些关键词，或者在上面画上草图，并问学生："你觉得涂上什么颜色好呢？"这样的问题能够引发他们的思考。这看起来是与兴趣完全无关的事情，却能够让他们投入进来。显然，你没有足够的时间问每个同学，因此你可以在所有方法都失效的情况下，再用这一补救措施。

创意
98

音乐的力量

我曾经站在那里对着全班大喊，可他们完全视若无睹。用音乐来吸引学生注意是个不错的主意。它令人愉悦、作用非凡。

借助音乐来吸引学生的注意力。

在上课前和课堂中间的重要时刻，想要吸引学生的注意力经常是件既费力又乏味的事情。本条小创意能让这一过程变得有趣、有效、省时省力。

打开一个CD播放机，将音量调到稍大，播放几秒钟音乐。然后，将声音放小，并对大家说："音乐可比我的吼声好听多了！"然后，直接开始讲课。如果你发现，在音乐停了之后，还是有学生说话，你可以说："好的，我发现大部分同学听了音乐后表现得非常好。我们再来一次……"然后，再次播放音乐，等音乐再次停止的时候，你会发现，它就像魔法一样，帮你吸引了所有学生的注意力。

一旦这个方法在你的班上奏效了，你可以播放学生们喜欢的音乐，让这一过程变得更加有趣。

锦囊妙计 ★

另一个吸引学生的方法是可以给大家播放神秘的声音。放一段音乐然后停下来问："谁能告诉我，这是什么声音？"例如，你可以播放用钥匙开锁的声音，或者浴盆放水的声音。为了避免大家争先恐后地喊出答案，你必须坚持让大家举手回答问题。如果他们猜不到是什么声音，为了继续吸引大家的注意力，你可以给一些小提示，然后再放一遍。你会发现学生们很喜欢这个游戏，甚至还会要求在下课前再玩一次。当然，如果你能够把音乐内容与教学内容相结合，那效果会更好！

寓言故事

我当时确实比较淘气，但老师能在给我讲清道理的同时又不让我感觉糟糕。

该创意能让您清晰明确地表达自己的观点，同时又避免了批评学生。

作为一名老师，你所教的不仅仅是书本上的内容。你还应该教会学生做人的道理。每当看到学生的恶劣行为，并涉及生活技能时，你可以通过一个有意思的寓言故事，来教育学生。这些寓言故事可以帮助你向学生解释清楚，为何好的行为如此重要，以此来代替批评。

例如，缺乏耐心是最常见的不良行为之一。或许会有这样的情况，当你在帮学生找练习本的时候，学生大声地、不耐烦地催你。这时候，可以给学生讲这样一个故事。一位富翁住在一个富丽堂皇的酒店里。他打电话给侍者，让他“立刻”送来一瓶香槟和一份鱼子酱。侍者

教学小贴士

如果你敢于发出愚蠢的声音，做出搞笑的动作的话，会让你的故事更有感染力。还可以借助帽子、道具和音响效果，让你的故事更加令人难忘。

回答说，他会“马上”拿过去。这位富翁却生气地喊道：“你是聋了还是蠢？我说了，我现在就要！”最后，这位富翁被请出了酒店，因为酒店管理者实在是忍受不了他的脾气。

然后，告诉学生，他们做得显然要比这位富翁好得多。鼓励该学生，以及整个班级，接人待物时要更有耐心。

随着经验的增加，你可以积攒出许许多多的故事和寓言，在学生表现欠佳的时候讲给他们听。试着用生动有趣的方式讲故事，但其中暗含的道理是很严肃的。

锦囊妙计 ★

在讲故事的时候，还可以配上相应的图片，上面写上引人深思的引语。这样，每当你想提醒某位学生注意自己的不良行为时，你可以直接引用引语。经常这样做还可以起到强调作用。

下课前的小娱乐

我喜欢下课前做的游戏，大家都会玩得很开心。这是我一天当中最喜欢的部分！

下课前花五分钟娱乐一下，能够让学生们在听课的时候更有动力，更努力。

设计一个短小的小游戏，在下课前与全班一起玩，学生们都会很喜欢，还会有意想不到的效果。这五分钟的娱乐可以作为对学生们表现良好，以及完成功课的奖励。游戏的内容应当与上课内容完全不同。这样的游戏有许多，以下是几个可供参考的例子：

- 设计一个视觉错觉。
- 展示一个日常用品的局部特写，让大家猜猜看这是什么。
- 告诉大家一个惊人的事实。例如，文森特·梵高过世的时候十分贫穷，但现在就连彩票头等奖金都买不起他的一张画。
- 讲一个有趣的故事。

我还邀请学生上前来做演讲或表扬。以下是常用的表演内容：

- 唱一首歌。
- 表演哑剧。
- 玩“辨识真假”游戏（说出三件关于自己的事情，其中一个是假的，让大家猜哪个是假的）。

只有所有教学内容都结束，或者所有学生都完成了作业的情况下，才能进行该游戏。一定要在把正事儿都做完，桌面收拾整洁，大家做好下课准备后，再允许大家做五分钟小游戏。

教学小贴士

在上课的过程中，可以时不时地使用“激将法”来激励学生做得更好。你可以这样说：“哦，我们落后进度了。照这样下去，我们在下课前就没有时间玩游戏了。”这招用于鼓励学生非常有效。

“给教师的100个创意”系列丛书

1.《给幼儿教师的100个创意：幼儿园班级设计与管理》

作者：[英] 露西·皮特

书号：978-7-5153-3031-0　　定价：29.00元

从事幼儿教育充满挑战，要想在幼教领域卓越不凡就更加困难了！本书包含了100个易于实施的创意，从鼓励幼儿参与课堂教学到养成遵守规矩的习惯，从多彩的动手活动、角色扮演到数学、语文的逐步渗透等，可以瞬间让课堂活跃起来，同时，在班级里营造出平和有序的氛围和环境。

2.《给幼儿教师的100个创意：为幼升小做准备》

作者：[英] 克莱尔·福特

书号：978-7-5153-2913-0　　定价：29.90元

本书作者凭借20余年一线教学经验总结出来的100个创意活动，内容涵盖早期基础阅读—写作培训、社会技能发展，以及感官、知觉、思维和实践能力提升，能够帮助幼儿养成良好的学习习惯，习得必备的基本技能，从而顺利完成“幼升小”这一人生阶段的重要过渡，随时面对新挑战。

3.《给小学教师的100个创意：发展思维能力》

作者：[英] 史蒂夫·鲍凯特

书号：978-7-5153-2740-2　　定价：29.00元

本书通过一系列的技巧和课堂活动，向学生们展示了如何通过各种方法来进行思考，如“鞋盒人生”“提问三步曲”“金字塔计划”“可能这只手”“故事的思维网格”“棋盘游戏”……这些活动可以作为一堂课正式开始之前的预热教学，也可作为课程的主要内容。

4.《给中学教师的100个创意：如何激发学生的天赋和特长》

作者：[英] 约翰·西尼尔

书号：978-7-5153-3072-3　　定价：29.00元

50个实用教学策略，再加上50个课堂活动创意，帮助学生在课堂上开展头脑风暴、发散思维，在不埋没尖子生的同时，给普通学生留出更多提升空间，开展高效教学。这些活动覆盖了不同的主题、能力层次和课程领域，是培养和激励学生发挥最大潜力的必备工具书。

5.《给中学教师的100个创意：杰出的教学》

作者：[英] 罗斯·莫里森·麦吉尔

书号：978-7-5153-2792-1　　定价：29.90元

如何成为一名杰出教师？如何提高教学效果？如何快速活跃课堂气氛，让每一个学生都积极主动地参与学习，深入思考并大胆发言？答案就在书中。杰出教师罗斯·麦吉尔以轻松、富有激情的文笔，围绕课堂纪律管理、课程设计、课后作业、实时教学评估等基础教学展开。只需课前花上5分钟，就可以学会其中的一个教学方法。

6.《给中学教师的100个创意：快速改善学生课堂表现》

作者：[英] 约翰尼·扬

书号：978-7-5153-2896-6　　定价：29.00元

著名教师培训师约翰尼·扬，结合儿童心理、认知行为和专业管理策略，提供了100个简单、实用、高效的创意，帮助新教师和资深教师快速改善学生的偏差行为，活跃教学气氛，进而提升教学成效。例如，“扭转乾坤的对话”“走出糟糕的一课”“情绪控制按钮”“角色扮演训练”“应对突发事件的宝典”“消除紧张和焦虑”“看不见的不良行为”等。